9
9
7
8
3
10
7
16
2
15
14
6
11
13
2
13
16
11
2
1
2
12
2
10
16
10

TJARDS WENDEBOURG

Zwiebelpflanzen für den Garten

– farbenfroh
– pflegeleicht
– winterhart

Verlag Eugen Ulmer
Österreichischer Agrarverlag

Inhalt

Tulipa-Greigii-Hybride im Schnee

Zwiebel- und Knollenpflanzen –

faszinierend vielseitig

Erstaunlich, dass diese farben- und formenreiche Pflanzengruppe noch immer nicht den Stellenwert im Garten einnimmt, der ihr angesichts der vielseitigen Verwendbarkeit eigentlich zusteht! Denn bei der richtigen Artenauswahl sind „Zwiebelblume & Co." nicht nur die pflegeleichtesten, sondern auch die ersten Pflanzen im Gartenjahr: Viele von ihnen sprießen aus dem Boden, bevor der Frühling in den Gärten Einzug hält.

Anspruchsvolle temporäre Pflanzung in Rosa- und Violett-Tönen: verschiedene Tulpen- und Lauch-Arten geben sich auf diesem Beet ein farbenfrohes Stelldichein.

Bekannt und doch verkannt

Nach langen grauen Wintermonaten wirkt das überraschende Farbspektakel der Zwiebel- und Knollengewächse erfrischend und wohltuend auf die Gemüter. Viele dieser „Frühstarter" sind bereits wieder abgeblüht, wenn charakteristische Frühlingsboten wie die Forsythie zu blühen beginnen. Das farbenfrohe Gartenjahr wird also deutlich verlängert – und die angenehme Wirkung des Gartens auf den Betrachter erhöht. Einmal gepflanzt, bleiben die im Boden überdauernden Pflanzen bei standortgerechter Auswahl nicht nur über Jahrzehnte ihrem Standort treu, sondern nehmen von Jahr zu Jahr in ihrer Zahl zu. Gute Beispiele dafür sind Schlossparks und Friedhöfe, in denen Blaustern, Winterling, Schneeglanz oder Krokus im Laufe der Jahrzehnte oder gar Jahrhunderte dichte Teppiche gebildet haben und zur Blütezeit zu Anziehungspunkten für „Frühlingspilger" werden. Ebenso plötzlich, wie die Pflanzen erschienen sind, sind sie bald darauf schon wieder verschwunden. Im nächsten Jahr werden es wieder ein paar mehr sein. Was sich über Jahrhunderte in historischen Anlagen entwickelt hat, lässt sich auch in modernen Gärten und Parks in kleinem Maßstab entwickeln. Dieses Buch will gartenbegeisterten Laien, aber auch Gartenplanern und

Winterlinge und Elfen-Krokusse zaubern Anfang März Violett und Gelb in den Gehölzsaum.

Landschaftsgärtnern bei der richtigen Auswahl, Pflanzung und Pflege von Zwiebelblumen und Knollenpflanzen helfen – auf dass sie im Frühling die Dörfer, Städte und Siedlungen durch bunte Farbtupfer bereichern.
Auch wenn dabei die frühlingsblühenden Arten im Mittelpunkt stehen, so werden auch die Zwiebelgewächse nicht vergessen, die im Sommer oder Herbst blühen. Lilien, Lauch-Arten, Herbst-Krokusse und Herbst-Zeitlose sind Beispiele für besondere Gartenschönheiten, die wir Ihnen vorstellen möchten.
Der Schwerpunkt dieses Buches liegt auf solchen Pflanzen, mit denen sich dauerhafte und dabei pflegeleichte Pflanzenbilder entwickeln lassen.
Deshalb mögen Pflanzenfreunde verzeihen, wenn wir ihnen – bis auf einige „Grenzfälle“ – diejenigen Pflanzen bewusst vorenthalten, die nicht die vorgenannten Kriterien erfüllen:

- pflegeintensive und wenig verbreitete Liebhaber-Arten und -Sorten;
- Knollen- und Rhizompflanzen, die zum festen Sortiment der Staudengärtnereien gehören, also im Topf gehandelt werden (zum Beispiel Bart-Iris, Päonien);
- im mitteleuropäischen Klima nicht winterharte Vertreter (beispielsweise Dahlien).

Bleibt zu hoffen, dass Sie auf den folgenden Seiten viele gute Anregungen finden und mit dazu beitragen, Zwiebelblumen in die Gärten zu holen, um den Frühling zu einer Blütenhochzeit zu machen.

Kriterien für die Auswahl von Zwiebel-, Knollen- und Rhizompflanzen in diesem Buch:

- Überdauerungsorgane (Zwiebeln, Knollen, Rhizome) werden in der Regel „lose“ und getrocknet gehandelt und auch in dieser Form in den Boden eingebracht (in seltenen Fällen sind Überschneidungen mit im Topf gehandelten Arten möglich).
- Pflanzen sind bei richtigem Standort und passenden Bodenverhältnissen im mitteleuropäischen Klima ausreichend winterhart. Ihre Speicherorgane müssen nicht zum Ende der Vegetationsperiode aus dem Boden genommen und frostfrei gelagert werden, wie es z.B. bei Dahlien oder den meisten Gladiolen der Fall ist.
- Pflanzen sind pflegeleicht: Es bedarf keiner größeren Pflegemaßnahmen, damit sich die Pflanzen über lange Jahre im Garten halten bzw. sich hier willig und ohne weiteres Zutun des Gärtners ausbreiten.
- Pflanzen sind im gut sortierten Fachhandel erhältlich.

Was ist ein „Geophyt“?

Als „Zwiebelblumen“ bezeichnet man umgangssprachlich jene Pflanzenarten, deren Überdauerungsorgane man im Herbst oder späten Frühjahr lose kaufen kann. Der Fachmann nennt die gesamte Pflanzengruppe „Geophyten“ (= Erdschürfpflanzen). Es sei deshalb verziehen, dass hier gelegentlich der botanisch korrekte Begriff „Geophyt“ an die Stelle der gemeinhin als „Zwiebelblumen“ benannten Pflanzen tritt. Es handelt sich dabei nicht immer um „Zwiebelpflanzen“ im eigentlichen Sinn, denn außer Zwiebeln bilden im Boden überdauernde Arten auch Knollen,

Schema eines Vegetationszyklus´ bei Zwiebelblumen

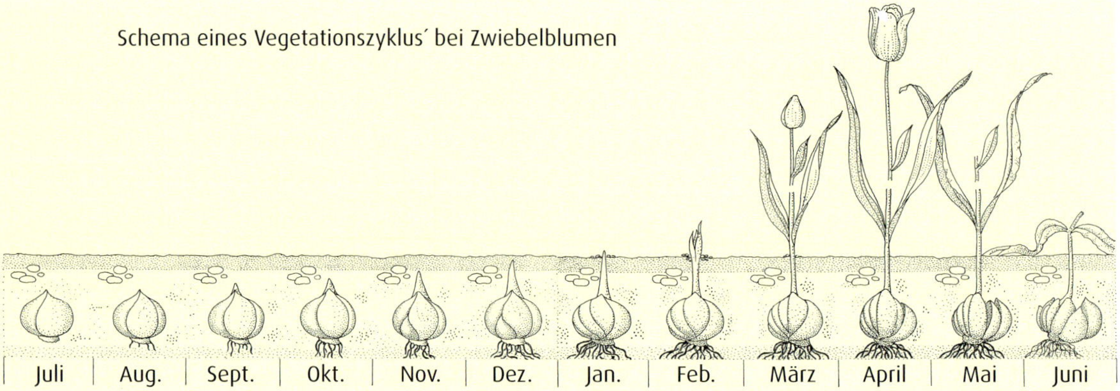

Rhizome oder Zwiebelknollen aus. Allen Vertretern dieser Pflanzengruppe ist gemeinsam, dass sie nach einer mehr oder weniger kurzen oberirdischen Phase wieder einziehen. Diese Eigenschaft hat schon manchen am Fortbestehen der Pflanzen im Garten zweifeln lassen. Aber der Rückzug von der Oberfläche gehört zum normalen Lebenszyklus dieser Pflanzen. Obwohl alle genannten Überdauerungsorgane die Aufgabe haben, das Überleben der Pflanze während ungünstiger Perioden und Ruhezeiten zu gewährleisten, sind sie botanisch von sehr unterschiedlichem Wesen:

Zwiebeln sind abgewandelte, unterirdisch wachsende Sprossachsen. Aus ihnen gehen die oberirdischen Teile wie Blätter, Stängel, Blüten und Samenanlagen hervor. Wie die Küchenzwiebel sind alle Blumenzwiebeln aus einzelnen Zwiebelschuppen aufgebaut, die das „Herz" der Pflanze umschließen. Meist schützen mehr oder weniger dicke Hüllen oder Schalen die Zwiebel vor Verdunstung oder vor Befall mit Krankheiten oder Schädlingen. Einige Arten – beispielsweise die Zwiebeln der Schneeglöckchen (*Galanthus*) – haben keine oder nur sehr dünne Schalen; sie besitzen daher auch nur eine geringere Lagerfähigkeit.
Viele Zwiebelpflanzen können Brutzwiebeln ausbilden. Diese entstehen zwischen den Zwiebelschalen und spalten sich später von der Mutterpflanze ab. Die Fähigkeit, Brutzwiebeln zu entwickeln, ist unterschiedlich ausgeprägt: Arten oder Sorten mit starker Brutzwiebelbildung (zum Beispiel Schneeglöckchen, Narzissen) wachsen im Laufe kurzer Zeit in dichten Horsten oder überziehen Rasen- oder Beetflächen mit einem Meer aus Blüten.
Die empfindlichste Stelle der Zwiebel ist der Zwiebelboden, auch „Platte"

oder „Zwiebelkuchen" genannt. Er besteht aus hoch differenzierten Zellen, die sich zu mehreren Vegetationspunkten vereinigen. Der Zwiebelboden wird meistens von einem Wurzelkranz umgeben. Die Wurzeln können aber auch der gesamten Platte entspringen, wie das bei Schneeglöckchen der Fall ist. Manche Arten bilden kräftige Dauerwurzeln, andere bauen das Wurzelwerk jährlich neu auf. Der Boden der Zwiebel entscheidet über die Gesundheit der Pflanze. Ist die Platte beschädigt, ist die Zwiebel wertlos. Schäden an anderen Teilbereichen der Zwiebel kann der Zwiebelboden kompensieren.

Knollen sind reine Speicherorgane, die nicht aus einzelnen Schuppen, sondern aus gleichartig aufgebautem Schwammgewebe (Parenchym) bestehen. Sie sind meistens kugelig, abgeflacht rund oder eiförmig und zeigen oftmals ein jährliches Dickenwachstum (zum Beispiel Alpenveilchen). Im Gegensatz zu den Zwiebeln sitzen die Anlagen für die oberirdischen Teile nicht im Überdauerungsorgan selbst, sondern als Auge oder vorgebildeter Spross außerhalb der Knolle.
Die Wurzeln der Knolle brechen selten nur an einer bestimmten Stelle aus der Außenhülle, sondern sind oft über die Knollenoberfläche verteilt. Knollenpflanzen können in den Blattachseln oder an Ausläufern Brutknollen bilden. Das ist zum Beispiel beim Scharbockskraut (*Ranunculus ficaria*) der Fall.

Rhizome sind Knollen mit jährlichem Längenwachstum. Dadurch entstehen Knoten (Nodien) und Zwischenknoten (Internodien), die häufig die Narben von Trieben vergangener Jahre aufweisen. Rhizompflanzen werden zumeist als Topfpflanzen in der Staudengärtnerei gehandelt und sollen deshalb hier nicht eingehender behandelt werden (siehe Kasten Seite 7). Es gibt aber auch die bereits angesprochenen „Grenzgänger", die in Verwendung und Pflege wie die übrigen im Buch beschriebenen Arten behandelt werden, aber vorrangig in Töpfen im Handel sind. Beispiele hierfür sind Busch-Windröschen (*Anemone nemorosa*), Aronstab (*Arum maculatum*) und Salomonssiegel (*Polygonatum odoratum*).

Zwiebelknollen stehen, wie der Name schon sagt, zwischen Zwiebel und Knolle. Zwar bestehen Zwiebelknollen nicht aus einzelnen Schuppen, haben aber sonst viel mit der Zwiebel gemeinsam. Sie ähneln im Aussehen sowohl des Überdauerungsorgans als auch der Pflanze einem Zwiebelgewächs und treiben wie dieses meist auch nur einen Spross. Dazu be-

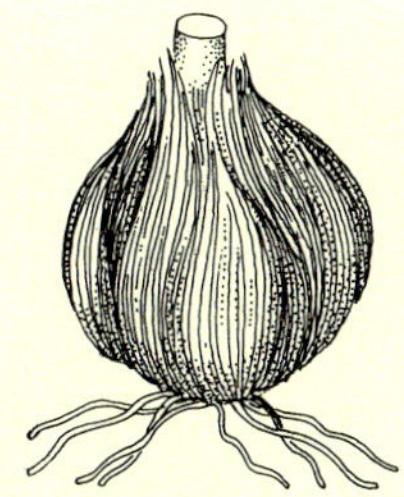

Zwiebelknolle der Gladiole (*Gladiolus*)

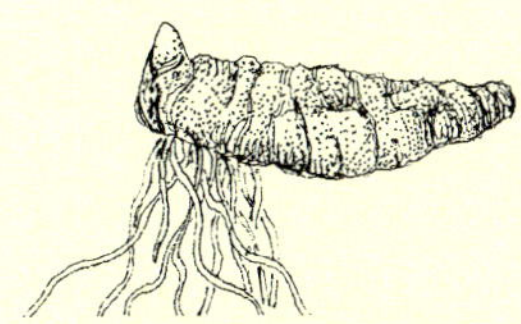

Rhizom der Dreiblattlilie (*Trillium*)

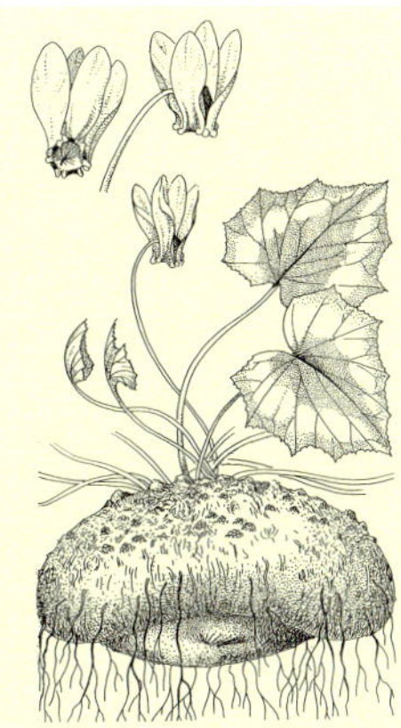

Knolle des Alpenveilchens (*Cyclamen*)

sitzen Zwiebelknollen eine häutige oder faserige Hülle und einen von einem Wurzelkranz umgebenen Boden. Pflanzen mit Zwiebelknollen, etwa Krokus oder Gladiole, bilden an Ausläufern sitzende Brutknollen zur vegetativen Vermehrung.

Aus der Natur in den Garten

Die Mehrheit der kleineren Zwiebelgewächse wird als reine Arten gehandelt, ist sind also züchterisch nur wenig bearbeitet worden. Bei anderen Erdschürfpflanzen hat bereits eine erste Auslese stattgefunden. Einige besonders beliebte Pflanzen wurden im Laufe ihrer „Gartenkarriere“ zum Teil seit mehr als 100 Jahren gezielt züchterisch verändert, um bestimmte Merkmale herauszuarbeiten. So gibt es vomSchneeglöckchen (*Galanthus nivalis*) zahlreiche Sorten, von denen die gefüllt blühende 'Plenum' die häufigste ist.

Aparte „Wilde“: die Weinbergs-Tulpe.

Sorten sind also von Gärtnern, Züchtern oder Pflanzenliebhabern entwickelte Pflanzenformen, die durch Kreuzung verschiedener Arten (Hybriden) oder durch Auslese und Kultivierung von Pflanzen mit speziellen Merkmalen entstanden sind.
Besonders groß ist die Sortenvielfalt bei Pflanzengattungen, die schon früh in der gärtnerischen Geschichte einen „Boom“ erlebt haben. Ein berühmter Vertreter ist hier die Tulpe (*Tulipa*), deren Phase der bedingungslosen Euphorie für diese Gattung als „Tulipomanie“ bezeichnet wird (siehe auch Kasten Seite 13). Aber auch Lilien (*Lilium*), Narzissen (*Narcissus*) oder Hyazinthen (*Hyacinthus*) erfreuen sich unter Pflanzenfreunden schon jahrhundertelang einer großen Beliebtheit, die zu immer neuen Züchtungen geführt hat.
Natürliche Auslöser für die äußerlichen Veränderungen von Arten sind spontane Mutationen im Erbmaterial oder Viruserkrankungen, die je nach Art und Standort unterschiedlich häufig auftreten können.

Wo Zwiebelpflanzen zuhause sind

Pflanzen ganz unterschiedlicher Familien und unterschiedlicher Lebensräume haben im Laufe der Evolution die Fähigkeit entwickelt, schlechte

Witterungsbedingungen im Boden verborgen zu überstehen. Zwiebelgewächse nutzen diese Strategie trotz unterschiedlicher Standortbedingungen, beispielsweise:

- als Schutz vor den strengen und langen Wintern der Hochgebirgslagen (besonders in Kleinasien und im Kaukasus);
- zum Überdauern der sommerlichen Trockenheit und winterlicher Kälte der Steppengebiete (Iran, Zentralasien);
- zur Überbrückung sommertrockener und zusätzlich lichtarmer Monate in den Laubwäldern Europas.

Fast alle Arten nutzen verhältnismäßig kurze Perioden, um ihren alljährlichen oberirdischen Lebenszyklus zu durchlaufen. Für die meisten dieser Pflanzen ist es Zeit, wenn im Frühjahr oder in höheren Lagen auch im Frühsommer der Schnee zu tauen beginnt und der Boden ausreichend durchfeuchtet ist. Frühlings-Geophyten der Wälder müssen ihre Blühphase und ihr oberirdisches Wachstum abgeschlossen haben, bevor sich das Laubdach der Waldbäume zu schließen beginnt. Das am Boden ankommende Sonnenlicht reicht danach für die Wachstums- und Stoffwechselprozesse nicht mehr aus.

Viele Arten sind ausgesprochene Hochgebirgspflanzen. So nimmt der Artenreichtum von Zwiebel- und Knollengewächsen über 1000 Höhenmetern deutlich zu. Ein schönes Beispiel ist das Taurusgebirge in der südwestlichen Türkei: Unmittelbar nach der Schneeschmelze brechen viele Arten in überwältigenden Mengen aus dem Boden, um in den nächsten Tagen oder Wochen zur Blüte zu kommen. Wenn die türkischen Almweiden (Yailas) in Blüte stehen, ist dieses beeindruckende Schauspiel eine Reise wert. Viele der Arten, die

Das heimische Busch-Windröschen mag frischen Boden im Schatten eingewachsener Gehölze.

heute in Mitteleuropa gehandelt werden, haben hier ihren Ursprung genommen. Die türkischen Berge und angrenzenden Gebirge Kleinasiens beherbergen einen großen Artenreichtum der Gattungen Lauch (*Allium*), Krokus (*Crocus*), Schneeglöckchen (*Galanthus*) und Traubenhyazinthe (*Muscari*).

Noch weiter im Osten haben die Tulpen ihren Verbreitungsschwerpunkt. Zahlreiche Arten haben sich auf die Lebensbedingungen in den offenlandigen Hochebenen Zentralasiens spezialisiert. Besonders in den heutigen Zentralasiatischen Republiken Tadschikistan, Usbekistan und Kirgisien wachsen die Stammformen vieler Kultursorten.

Auch die heimische Flora enthält Arten, die bei ungünstigen Klima- und Lebensbedingungen im Boden überdauern. Besonders der frische Laubwald, krautreiche Auenwälder und frische bis feuchte Mittelgebirgswiesen sind die Heimat gartenwürdiger Zwiebelblumen. Beispiele hierfür sind Busch-Windröschen (*Anemone nemorosa*), Hohler Lerchensporn (*Corydalis cava*), Märzenbecher (*Leucojum vernum*), Gelbe Narzisse oder Osterglocke (*Narcissus pseudonarcissus*) sowie Scharbockskraut (*Ranunculus ficaria*).

Viele weitere Arten des Laubwalds sind Geophyten. Sie werden im Handel aber zumeist als Stauden angeboten, also im Topf vermarktet und sind deshalb nicht Gegenstand dieses Buches (siehe Kasten Seite 7). Wieder andere haben zum Teil schon vor Jahrhunderten von den Gärten ausgehend die Natur zurückerobert und haben sich – oft nur regional – einen festen Platz in der heimischen Flora gesichert. Beispiele dafür sind das aus Südosteuropa stammende Schneeglöckchen (*Galanthus nivalis*) in Auwäldern, die aus dem Mittelmeerraum eingeführte Weinbergs-Tulpe (*Tulipa sylvestris*) in den Rebhängen Süddeutschlands, der Frühlings-Krokus (*Crocus vernus* subsp. *vernus*) in Drebach im Erzgebirge oder auf dem Zavelstein bei Bad Teinach im Schwarzwald sowie der Winterling (*Eranthis hyemalis*) im Rautal bei Jena. Lokale Vorkommen beschränken sich auf Schlossparks und Gartenanlagen, in denen bestimmte Arten oft schon vor mehreren Hundert Jahren den herrschaftlichen Pflanzensammlungen entwichen sind und feste Bestände aufgebaut haben. Diesen Anblick können Sie bei den mit Winterlingen geschmückten Parkwiesen auf der Freundschaftsinsel in Potsdam oder den mit Krokussen übersäten Wiesenflächen in Husum ebenso genießen wie auf dem Friedhof am Lindener Berg in Hannover, wo der Sibirische Blaustern (*Scilla siberica*) jeden März einen blauen Teppich knüpft.

Der Naturschutz lässt grüßen

Spätestens seit der Tulipomanie (1620 bis 1637), als Tulpenzwiebeln mit Gold aufgewogen wurden und als Spekulationsobjekt dienten (siehe

Tulipomanie – der Wahnsinn mit den Tulpen

Dass Spekulation Werte schafft, deren Vergänglichkeit manchmal in Stunden zu messen ist, wissen wir nicht erst seit dem Börseneinbruch zum Start in das neue Jahrhundert. Stand zu dieser Zeit die virtuelle Internet-Welt im Zentrum spekulativer Interessen, so war es vor über 350 Jahren eine Pflanze, die Menschen zu Reichtum verhalf und kurz darauf in den Ruin stieß. 60 Jahre nach ihrer Einführung in Europa durch den Botaniker Carolus Clusius löste die aus Zentralasien stammende Tulpe in den Niederlanden einen nie zuvor erlebten Boom aus. In ihrer Einzigartigkeit regte die neue Pflanze die Züchter dazu an, immer neue Farb- und Formvariationen zu schaffen. Kaufkräftige Tulpenliebhaber aus Klerus und Aristokratie überboten sich in ihrem Ehrgeiz, die schönsten Pflanzen zu besitzen. Neue Sorten wurden immer teurer und schließlich trieb die Spekulation die Preise in ungeahnte Höhen.

Der „Tulpenwahnsinn" begann etwa 1620 und endete 1637 mit dem Zusammenbruch vieler Händler und Spekulanten. Allerdings erholte sich der Handel bald darauf auf höchstem Niveau, denn die teuerste je verkaufte Tulpenzwiebel, die rotweiße Sorte 'Semper Augustus' wechselte erst 1640 für 10.000 Gulden den Besitzer. Mit diesem Geld hätte man zu dieser Zeit mitten in Amsterdam ein komplettes Herrenhaus erwerben können.

Interessant ist der Hintergrund, weshalb das variable Erscheinungsbild der Blüten so hochspekulativ war: Die Tulpen waren krank – Verursacher der Farbspiele und des Formenreichtums war ein Virus!

Tulpe 'L' Agathe Brune' *– Miniatur aus der Werkstatt des Nicolas Robert (1614-1685) aus einer für Jean-Baptiste Colbert geschaffenen Handschrift (Cod. Min 47, Tab. 43). Wien, Österreichische Nationalbibliothek.*

rechte Seite), wurden Zwiebelblumen an ihren Heimatstandorten ausgegraben und nach Europa gebracht. Besonders die Türkei tat sich schon zu Beginn des Zwiebelhandels als Pflanzenexporteur hervor. Die Möglichkeit, getrocknete Überdauerungsorgane relativ lange lagern zu können, erleichterte schon im 16. Jahrhundert den Transport der Pflanzen über weite Strecken. Dabei förderte der Umstand, dass der türkische Sultan zu dieser Zeit Herrscher über zahlreiche Herkunftsgebiete war, den regen Handel mit Blumenzwiebeln. Heute stammen die meisten der bei uns im Handel angebotenen Pflanzen aus Kulturbeständen. Drehscheibe von Anbau, Import und Export sind dabei seit Jahrhunderten die Niederlande, wo viele Betriebe von Anbau und Handel der Zwiebelblumen leben.

Alle leicht kultivierbaren Arten werden durch Aussaat oder Gewinnung von Brutzwiebeln oder -knollen vermehrt. Bei einigen Arten regt man die Brutzwiebelbildung durch Anschnitt des Zwiebelbodens an. Das gilt ganz besonders für Tulpen, Narzissen, Hyazinthen und die anderen großen

Am Naturstandort im Taurusgebirge in der Südtürkei blüht das Großblütige Schneeglöckchen (*Galanthus elwesii*) zusammen mit Zweiblütigem Krokus (*Crocus biflorus*).

Vertreter der Zwiebelblumen. Sie werden meist als Sorten gehandelt, sind also das Ergebnis züchterischer Bemühungen. Nur von den zu den Kleinblumenzwiebeln zählenden Arten (siehe Seite 52ff.) lassen sich einige entweder nicht künstlich vermehren oder es ist nach wie vor billiger, diese Zwiebeln in den Bergregionen Osteuropas oder Kleinasiens ausgraben zu lassen. Betroffen davon sind besonders Schneeglöckchen (*Galanthus*), Alpenveilchen (*Cyclamen*), Winterlinge (*Eranthis*), Windröschen (*Anemone*) und Knotenblumen (*Leucojum*).

Wer einmal versucht hat, Kleinblumenzwiebeln auszugraben, kann sich kaum vorstellen, mit dieser Arbeit seinen Lebensunterhalt zu bestreiten. Aber die Armut in den Herkunftsregionen wie der östlichen Türkei und Georgien ist so groß und das Lohnniveau so niedrig, dass sich hier das Sammeln von Zwiebelblumen durchaus lohnt. Den größten Gewinn erzielen aber nicht die Dorfbewohner in den Herkunftsgebieten, sondern die Zwischenhändler, die den Weg der Zwiebeln nach Holland begleiten. Für die niederländischen Großhändler sind die wild gesammelten Blumenzwiebeln nur ein verschwindender Posten innerhalb ihres Handelsvolumens. Sie benötigen die importierten Arten vornehmlich zur Ergänzung ihres Sortiments. Und das ist stark auf den Export ausgerichtet – mit Schwerpunkt auf die Ausfuhr nach Deutschland.

Obwohl die Bewirtschaftung der Naturbestände nach Einwirken von Naturschutzverbänden und der Europäischen Gemeinschaft im Laufe der neunziger Jahre reguliert und reduziert worden ist, richten die Sammler durch die Entnahme von Zwiebeln nach wie vor Schäden an den Zwiebelbeständen selbst sowie an den sie begleitenden Pflanzengemeinschaften an. So ist es ratsam, Zwiebeln aus der Natur zu boykottieren. Dabei ist es nicht immer leicht, wild gesammelte von kultivierten Arten zu unterscheiden. Nach einer Selbstverpflichtung des niederländischen Gartenbauverbands müssen aber alle Zwiebelverpackungen mit der Aufschrift „Zwiebeln aus Wildherkunft“ und „Zwiebeln aus künstlicher Vermehrung“ versehen sein – eine gute Möglichkeit, schon beim Kauf selbst eine Entscheidung zu treffen. Besonders aufmerksam sollten Sie beim Kauf der zuvor genannten Gattungen sein.

Hier erfahren Sie mehr

Zuständig für Fragen zum Thema wild gesammelte Zwiebelblumen sind die Unteren Naturschutzbehörden der Städte und Kommunen, die Fachbehörden der Länder oder das Bundesamt für Naturschutz (BfN) in Bonn. Die im Auftrag dieser Behörde im Laufe der letzten Jahre gesammelten Ergebnisse sind auf der Internetseite http://www.pg-digitalis.de zusammengefasst.

Zwiebelpflanzen-Potpourri –

ein Gartenspaziergang

Die Schönheit der Zwiebel- und Knollengewächse lässt sich am besten in natura erfahren. Da das nicht immer möglich ist, wollen wir hier mit Ihnen in Form eines literarischen Spaziergangs durch den Garten schlendern. Ein kleiner Rundgang durch einen Hausgarten mit Zwiebel- und Knollengewächsen soll als Einführung in das Thema helfen, geeignete Standorte und die dazu passenden Zwiebelblumen zu finden.

Auch in naturnahen Pflanzungen machen Zwiebelgewächse eine gute Figur: Schafgarbe (*Achillea*), Prachtkerze (*Gaura*), Siebenbürger Perlgras (*Melica transsylvanica*) und Kugel-Lauch (*Allium sphaerocephalon*).

Der Schritt aus der Terrassentür ist wohl für die meisten Menschen der Auftakt für einen Gartenbesuch – so wollen auch wir mit unserem Gartenbummel hier starten. Den dazugehörigen Gartenplan finden Sie auf dem vorderen Buchinnendeckel.
Das Haus wurde vor 15 Jahren auf einem bestehenden Gartengrundstück errichtet. Der Baumbestand ist in die Planung mit einbezogen und während der Bauphase gut geschützt worden. Der Garten besteht aus zahlreichen naturnah gestalteten Gartenräumen. Nur um das Haus herum überwiegen architektonische Formen aus natürlichen Materialien. Alle Gartenräume wurden sorgfältig geplant, gestaltet und bepflanzt. Hunderte von Stauden bilden das ganze Jahr über lebendige, abwechslungsreiche Pflanzenbilder. Die Zwiebel- und Knollenpflanzen sind ein wichtiger Teil des Gartenkonzepts.
An der Südseite des Hauses liegt der **große Sitzplatz** (Plannummer 1), der mit einem Mineralgemisch aus Kalkstein befestigt ist. Zwei Holzdecks vor dem Wohnzimmer und am Teich bieten Gelegenheit, auf verschiedenste Art den Garten zu genießen – sei es zum Lesen, Beobachten oder auch zum Feiern und Grillen. Kübelpflanzen wie Oleander, Buchsbaumkugeln und Rosmarin verbreiten mediterrane Stimmung.
Die Terrasse wird in Teilbereichen von **Hochbeeten aus alten Backsteinen** (Plannummer 2) eingefasst. Darauf scheint fast den ganzen Tag die Sonne. Nur ein kleinkroniger Apfelbaum spendet ein wenig Schatten. Der Boden ist gut drainiert und lässt Wasser schnell wieder ablaufen – ideale Bedingungen für mediterrane Kräuter (z.B. Lavendel, Salbei, Thymian, Ysop) oder flache Polsterpflanzen wie unterschiedliche Fetthennen-Arten (*Sedum*). Da man die Kräuter zum Schutz vor schneller Vergreisung regelmäßig zurückschneidet, kann das Beet nicht vollständig zuwachsen.

Zwischen Lavendel fühlt sich der Nickende Lauch wohl; auch farblich harmonieren beide.

Hier ist also das ganze Jahr Platz für Zwiebelblumen. Als erstes blüht der Kleine Krokus (*Crocus chrysanthus*), der der Trockenheit trotzt und jährlich größere Horste bildet. Dann folgt die Traubenhyazinthe (*Muscari botryoides*). Auch sie verträgt die Sommertrockenheit, denn sie wächst in freier Natur in sonnigen und steinigen Abhängen. Dazu verbreitet sie sich weniger stark wie ihre armenische Verwandte (*M. armeniacum*), die sich zu einem wahren Unkraut entwickeln kann. Gleichzeitig mit dem Lavendel blüht im Juni *Allium cernuum*, der Nickende Lauch.

Traubenhyazinthe und Lauch bilden einen schönen Kontrast von blauviolett und rosa. Später folgt mit dem Schönen Lauch (*Allium carinatum* subsp. *pulchellum*)ein weiterer dekorativer Zwiebelvertreter. Beide Arten sind extrem trockenheitsverträglich.

Eines der bekanntesten Zwiebelgewächse, der Schnitt-Lauch (*Allium schoenoprasum* var. *schoenoprasum*), ist sowohl als Aromageber in Speisen und Salaten wie auch für lebhaften rosafarbenen Blütenschmuck (ab Juni) im Hochbeet bestens geeignet. Obwohl man ihm eher feuchtere Standorte zutraut, kommt er lange ohne Wasser aus. Dann geht er allerdings schneller in Blüte, was seine Lauchröhren hart und ungenießbar werden lässt. Als späte Sonnenanbeterin wurde die im September blühende Gelbe Sternbergie (*Sternbergia lutea*) gepflanzt. Am Fuß der Backsteinmauer haben sich schon zahlreiche Sämlinge vom Gekielten Lauch (*Allium carinatum* subsp. *carinatum*) angefunden. Dazwischen stehen die von September bis November weiß blühenden Herbst-Alpenveilchen (*Cyclamen hederifolium* 'Album'), die sich mit ihren Knollen in die Ritzen der Steine zurückgezogen haben und die Fläche während des ganzen Jahres mit ihrem schön gezeichneten Laub bereichern.

Vom Holzdeck am Teich bietet sich ein schöner Blick auf eine **große Staudenfläche** (Plannummer 3) hinter dem Teich. Sie ist durch den Rückzug der Staudentriebe beziehungsweise dem Rückschnitt der Gräser im Februar ziemlich kahl. Aber im Laufe der folgenden zwei Monate haben die Zwiebel- und Knollenpflanzen hier ihren großen Auftritt. Das Beet fällt sanft in Richtung Teich ab, der das Regenwasser vom Dach aufnimmt. Der Boden ist deshalb immer etwas frischer als auf den Flächen der Umgebung. So fühlen sich auch die Märzenbecher (*Leucojum vernum*) wohl, die bereits zum Ende des Winters blühen. Durch Aussaat haben sich bereits zahlreiche Horste gebildet, die die Fläche zur Blütezeit mit den weißen, nickenden Bechern zieren. Den Märzenbechern folgt das Scharbockskraut (*Ranunculus ficaria*), das auf dem frischen Boden einen dichten, goldgelben Blütenteppich bildet. In voller Sonne blühen Anfang April die Narzissen. Es sind gelb blühende, besonders robuste Sorten wie 'Dutch Master' und 'Golden

Harvest'. Ihr nach dem Abblühen unansehnlich wirkendes Laub wird im Laufe des Jahres von hoch wachsenden Beetbewohnern versteckt: beispielsweise durch dekorative Ziergräser wie Chinaschilf (*Miscanthus sinensis* 'Gracillimus') oder Blaues Pfeifengras (*Molinia caerulea*) sowie natürlich wirkende Stauden wie Wald-Geißbart (*Aruncus dioicus*), Herbstastern (*Aster novae-angliae, A. novi-belgii*), Wasserdost (*Eupatorium atropurpureum*) und Taglilien (*Hemerocallis*), Wiesen-Schwertlilie (*Iris sibirica*) und Blauweiderich (*Pseudolysimachion longifolium*, früher *Veronica longifolia*). Ein besonders attraktiver Kontrast ergibt sich durch die gelb leuchtenden Narzissen zwischen blutrot austreibenden Pfingstrosen (*Paeonia lactiflora*).

Im Zentrum der Senke und in der Obstwiese wachsen große Horste der weißen Dichter-Narzisse (*Narcissus poeticus* 'Actaea'), die frischen Boden verlangt.

Am Rande ist das Beet trockener. Dort ziehen im Februar die kleinen Narzissen (*Narcissus cyclamineus* 'February Gold') zwischen den zurückgeschnittenen Horsten des Lampenputzergrases (*Pennisetum alupecuroides*) und den immergrünen, dickfleischigen Blättern der Fetthenne (*Sedum telephium* 'Herbstfreude') die Aufmerksamkeit auf sich. Im September nehmen diesen Platz zwischen den Samenständen der Gräser sowie den getrockneten Blütenständen des *Sedum* die üppigen Blüten der Zeitlosen-Art *Colchicum byzantinum* ein.

Unter den Apfelbäumen der **Obstwiese** (Plannummer 4) ist der Rasen lückiger. Dort ist Ende März alles mit einem Teppich des warmen, blauen Farbtons des Gewöhnlichen Schnee-

Dichter-Narzissen zwischen dem frischen Grün austreibender Taglilien.

Gelb-blaue Farbkontraste mit Trompeten-Narzissen und Schneeglanz.

glanzes (*Chionodoxa forbesii*) bedeckt, aus dem einige gelbe Trompeten-Narzissen herausragen. Vor dem Hintergrund tausender blauer Blüten wirkt ihr Gelb noch viel intensiver. Am Stammanlauf der Apfelbäume blüht zur gleichen Zeit die Libanon-Puschkinie (*Puschkinia scilloides* var. *libanotica*). Sie haben bläulichweiße Flicken in den blauen Teppich gewoben.

Farbwunder: Vorfrühlings-Alpenveilchen, Winterling und Schneeglöckchen.

Im Frühjahr hat der Teich dank großer Wassermengen vom Dach seinen Höchststand erreicht. In **Teichnähe** (Plannummer 5) im wechselfeuchten Bereich blüht die Sommer-Knotenblume (*Leucojum aestivum*). Ab April oder Mai folgt ihr die Schachbrettblume (*Fritillaria meleagris*) mit ihren namensgebenden schachbrettartig gemusterten, violetten Blütenglocken. Im September sind hunderte rosa Blütenköpfe der heimischen Herbst-Zeitlosen (*Colchicum autumnale*) über die Wiese verteilt.
Hinter dem **Gartenhaus** (Plannummer 6) stehen auf nahrhaftem Lehmboden einige Haselsträucher (*Corylus avellana*), die von den benachbarten Hainbuchen (*Carpinus betulus*) überragt werden. Die Fläche darunter ist im Sommer kaum zu sehen, weil das Laub der Gehölze einen dichten Schirm bildet. Mit beginnender Vegetation zieht unter den Sträuchern ein wahrer Blütenzauber den Betrachter in seinen Bann. Zuerst kommen die Schneeglöckchen (*Galanthus nivalis*). Sie lassen in zahlreichen Gruppen ihre weißen Blütenglöckchen erblühen und werden von Jahr zu Jahr dichter. Am Fuß der Haseln mischen sie sich mit tief rosafarbenen Vorfrühlings-Alpenveilchen (*Cyclamen coum*). Etwas später folgt der violette Dalmatiner Krokus (*Crocus tommasinianus*), der aus dem Saum der Haseln bereits in die benachbarte Staudenfläche eingewandert ist. Mit dem Erblühen hunderter Sibirischer Blausterne (*Scilla siberica*) wechselt die Fläche ihr Farbkleid von Violett nach Blau. Einige violette Tupfer steuert ab März das Wohlriechende Veilchen (*Viola odorata*) bei. Danach werden große Bereiche vom Waldmeister (*Galium odoratum*) eingenommen. Dazwischen hat sich der

Aronstab (*Arum maculatum*) ausgesamt, dessen leuchtend rote Fruchtstände sich größtenteils unter dem dichten Laubdach der Haseln verstecken. Wo sie gut sichtbar in Wegnähe stehen, sorgen sie für Farbeffekte.
Das **gegenüberliegende Haselgebüsch** (Plannummer 7) ist den Winterlingen (*Eranthis hyemalis*) vorbehalten. Besonders im sonnigen Gehölzrand lassen sie ihre gelben Blüten leuchten.
Den gleichen Farbton bringen sie unter eine solitär stehende, rot blühende **Zaubernuss** (*Hamamelis* × intermedia 'Diane'), der durch dazwischen wachsende Schneeglöckchen weiße Farbtupfer erhält (Plannummer 8). Zahlreiche Bienen tummeln sich hier Ende Februar für eine ausgiebige Nektar- und Pollenmahlzeit. Einige Gold-Krokusse (*Crocus flavus*) setzen dazu farblich passende Akzente. Winterlinge und Dalmatiner Krokus beginnen an einigen Stellen, auch die angrenzenden Staudenflächen einzunehmen. Was für eine Farbenpracht – und das im Februar! Im Spätsommer zeigt sich noch einmal ein Zwiebelgewächs unter der Zaubernuss: von September bis Oktober blüht hier der Banater-Krokus (*Crocus banaticus*).
Auf der anderen Seite des Hauses gedeihen unter **alten Eichen** (Plannummer 9) vor deren Blattaustrieb nur Schneeglöckchen und Vorfrühlings-Alpenveilchen. Mit zunehmend dichter werdendem Laubdach übernehmen vornehmlich Schattenkünstler die Regie: beispielsweise das ab April

Zwischen dem Farn leuchten die rot-orangen Beeren des Aronstabes hervor.

strahlendblau blühende Kaukasus-Vergissmeinnicht (*Brunnera macrophylla*) oder der durch seine Blattstrukturen interessante Dornfarn (*Dryopteris carthusiana*). Das Blau des Kaukasus-Vergissmeinnichts unterstützt den Sibirischen Blaustern; die beiden heimischen Lerchensporn-Arten (*Corydalis cava, C. solida*) setzen Farbtupfer dazwischen.
Besonders auffallend ist die kirschrot blühende Sorte des Gefingerten Lerchensporns *C. solida* 'George Baker'. Der Art scheint der durchlässige Boden besser zu bekommen als dem Hohlen Lerchensporn (*C. cava*), der sich hier weniger stark ausbreitet. Der imposante Farbkontrast von Dunkelrosa, Rot und reinem Blau lässt fast vergessen, dass in wenigen Wochen die weniger auffälligen Waldstauden ihren Platz eingenommen haben.
Aber bevor diese komplett ausgetrieben sind, gibt es noch ein Farbenspiel

zu bewundern: Einfache, rote Tulpen der Sorte 'Appeldoorn' erscheinen neben dem Einjährigen Silberblatt (*Lunaria annua*), das intensiv violett blüht und uns jedes Jahr an neuen Gartenplätzen überrascht.

Am Fuß der alten **Hainbuchenhecke** (Plannummer 10) zeigt sich bereits ab Januar das im türkischen Taurusgebirge beheimatete Großblütige Schneeglöckchen (*Galanthus elwesii*). Es mag schattige Füße, streckt die Blüten aber gerne in die Sonne. An der sonnigen Seite blüht bereits Anfang März das Balkan-Windröschen (*Anemone blanda*). Zwischen zahlreichen violettblauen Sternen zeigen sich einige Köpfe der weiß blühenden Spielart. Im April leuchten unter der Hecke die Blüten der Armenischen Traubenhyazinthe (*Muscari armeniacum*) hervor, bevor sich das Laubkleid der Hecke zu schließen beginnt.

Der **Bauerngarten** (Plannummer 11) vor dem Haus bietet Gelegenheit für etwas aufwändigere Pflanzungen: Zwischen den Stauden gedeihen Kaiserkronen (*Fritillaria imperialis*) und Madonnen-Lilien (*Lilium candidum*).

Im geschützten „**Dreiecksgarten**" (Plannummer 12) auf der anderen Seite des Weges stehen vor der Backsteinmauer des Hochbeetes mehrere Pulks mit Feuer-Lilien (*Lilium bulbiferum* var. *bulbiferum*) und Persischer Kaiserkrone (*Fritillaria persica*).

Die Wechselbeete werden jährlich neu bepflanzt. Zwischen Gemüsekulturen gibt es jedes Frühjahr eine neue Farbkomposition mit Tulpen und kurzlebigen Frühjahrsblumen. In einem Beet ist der „Bunte Fleck" entstanden, wo die übrig gebliebenen Tulpen der vergangen Jahre stehen. Hier zeigt sich, dass manche Sorten erstaunlich lange halten und andere schon nach zwei Jahren keine Blüten mehr treiben.

Ein Garten mit Zwiebelblumen bietet immer eine Überraschung. Sei es, dass Samen von Ameisen an einen neuen Platz verschleppt werden und hier zum ersten Mal Pflanzen sprießen und blühen oder dass verschollen geglaubte Schützlinge plötzlich doch wieder Knospen treiben.

So gleichen sich die Pflanzenbilder am Rande des Gartenweges in keinem Jahr und das bei sehr geringem Pflegeaufwand – staunen Sie mit!

Madonnen-Lilie und Rosen sind typische Pflanzenpartner im Bauerngarten.

Mit Zwiebelblumen gestalten –

Pflanzenkompositionen

Wie schon eingangs bemerkt, bleiben Zwiebelblumen bei der Gartengestaltung und Pflanzplanung oft unberücksichtigt. Beherzigt man ein paar Grundregeln, die die Bodenvorbereitung sowie die richtige Standortwahl mit den dazu passenden Pflanzen betreffen, sollte es jedem gelingen, „Farbtupfer" oder bunte Blütenteppiche aus Zwiebelpflanzen in den Garten zu holen.

Lassen Sie sich diesen Anblick nicht entgehen: leuchtende Farbenkraft der Darwin-Hybrid-Tulpe 'Hans Mayer'.

Basiswissen zur Gestaltung

Erste Grundregel: Planen Sie den Garten rechtzeitig und gründlich! Die meisten Menschen beauftragen für Pflanzarbeiten im Frühjahr einen Landschaftsgärtner oder greifen in dieser Jahreszeit selbst zum Spaten. Pflanzzeit für die frühjahrsblühenden Knollen und Zwiebeln ist aber die Zeit zwischen August und November. Bis dahin ist die Gestaltung mit Gehölzen, Stauden und Kletterpflanzen meist abgeschlossen und der Garten bleibt oft ohne Zwiebelgewächse.
Sie sollten deshalb bei der eigenen Planung oder beim Beauftragen eines Landschaftsgärtners gleich einen Termin für die Pflanzung geeigneter Arten vormerken. Für den Landschaftsgärtner ist es ratsam, die Blumenzwiebelpflanzung auf Stundenlohnbasis innerhalb der Fertigstellungspflege anzubieten.
Alternativ können Sie auch mit Zwiebel- und Knollengewächsen im Topf arbeiten, die Sie im Frühjahr gemeinsam mit den Stauden pflanzen können. Nachteile: die stark eingeschränkte Auswahl (es werden nur die gängigen Arten angeboten) und ein deutlich höherer Preis für die Topfware. Trotzdem kann es gerade für „eilige Gemüter“ oder Landschaftsgärtner interessant sein, mit blühender Ware Pflanzenbilder zu kreieren.

Gut gepflanzt ist halb gewonnen

Kleinblumenzwiebeln, die dauerhaft Ihren Garten zieren sollen, sollten Sie nicht direkt in den Rasen, sondern nur in Randbereiche oder lückige Partien pflanzen. Gesunde Rasengesellschaften sind konkurrenzstärker als Zwiebelblumen!

Zweite Grundregel: Die wenigsten Zwiebel- und Knollenpflanzen verzeihen auf lange Sicht einen falschen Standort! Das gilt besonders für die Bodenbeschaffenheit, an die die verschiedenen Arten je nach Herkunft unterschiedliche Ansprüche stellen. Nur wenige Arten vertragen dauerhafte Bodennässe, allenfalls Knotenblumen und Schachbrettblumen lässt sich eine Vorliebe zum nassen Milieu nachsagen. Tulpen und mediterrane Narzissen-Arten versagen besonders schnell, wenn der Boden feucht und luftundurchlässig ist. Die meisten Arten bevorzugen frischen oder feuchten Boden im Frühjahr und einen trockenen, gut durchlässigen, ja sogar vollkommen trockenen Boden während der Ruhephase in den Sommermonaten. Diese Bedingungen sind am besten im sonnigen Gehölzsaum im Wurzelbereich Laub abwerfender Gehölze jeder Größe gegeben.
Nur wenige Arten kommen mit den rohen, kahlen Böden junger Gärten zurecht. Winterlinge, Lerchensporn und Anemonen ziehen den mit Humus angereicherten Oberboden eingewachsener Gärten dem gestörten Rohboden neuer Anlagen vor. Solche Arten sollten Sie erst später zupflan-

In feuchten, anmoorigen Wiesen ist die Schachbrettblume zuhause.

zen, wenn sich im Boden und in der ihn bedeckenden Pflanzengemeinschaft ein Gleichgewicht eingestellt hat. Diese Regel gilt übrigens auch für viele Waldstauden, wie zum Beispiel für die meisten Farne. Desweiteren sollte man so lange keine Geophyten pflanzen, wie noch in größerem Maße Unkräuter beseitigt werden müssen. Spätestens im Sommer, wenn sich die oberirdischen Triebe der Zwiebelgewächse zurückgezogen haben, lässt sich die Pflanzung nur noch schwer pflegen. Durch das Aufreißen des Bodens werden nicht nur die Zwiebeln und Knollen in Mitleidenschaft gezogen, sondern auch deren frische Sämlinge. Mit Mulchschichten lassen sich zwar Samenunkräuter unterdrücken, Wurzelunkräuter müssen Sie aber vorher erst gründlich beseitigen.

Dritte Grundregel: Die richtige Pflanzenwahl ist entscheidend für den späteren Erfolg! Die einzelnen Arten und Sorten entwickeln sich sehr unterschiedlich. Je nachdem, wie Sie Ihr eigenes Wissen und die Bereitschaft zur Gartenpflege einschätzen, bieten sich unterschiedliche Pflanzen an. Für Anfänger oder Menschen mit wenig Zeit oder Lust auf pflegeintensive Pflanzen eignen sich die eher robusten Vertreter unter den Zwiebelblumen. Empfehlenswert sind Pflanzen, die sich – nachdem Zwiebeln oder Knollen einmal eingebracht wurden – im Garten rege vermehren. Demgegenüber stehen Liebhaberpflanzen, die entweder besondere Standorte bevorzugen und ein aufmerksames Auge verlangen oder kurzlebige Arten oder Sorten, die nur wenige Jahre zuverlässig Blüten treiben. Diese Arten müssen Sie immer wieder zugepflanzen, sofern Sie den einmal geplanten Zustand erhalten wollen. Nicht winterharte Arten wie Dahlien oder Gladiolen müssen Sie jedes Jahr rechtzeitig vor dem Frost ausgraben und den Winter über kühl, aber frostfrei und ausreichend trocken lagern. Das gilt auch für die meisten Tulpen, wenn sie ihre Blühfähigkeit behalten sollen.

Zwiebelpflanzen kombinieren

Eine gelungene Kombination von Zwiebelgewächsen mit geeigneten Partnern erfordert Wissen über die Pflanzen, ihre Blühzeiten und ihr Aussehen vor, während und nach der Blüte.
Frühlings-Geophyten werden mit spät austreibenden **Stauden-Partnern** kombiniert, die die Pflanzplätze der Zwiebeln und Knollen nach deren Blüte mit ihren Blättern verdecken. Besonders wichtig ist das bei Arten, die nach dem Flor stark an Attraktivität verlieren, etwa weil große, welke Blätter das Bild stören. Geeignete Pflanzpartner sind hier zum Beispiel Funkien (*Hosta*), Taglilien (*Hemerocallis*), Pfingstrosen (*Paeonia*) und einziehende oder horstig wachsende Ziergräser (siehe auch rechte Seite). Große *Allium*-Arten können stützende Partner gebrauchen, denn auch der Samenstand ist oft noch lange attraktiv. Bei sommer- und herbstblühenden Zwiebelgewächsen sollten Sie Partner pflanzen, die ihnen ausreichend Platz zur Entfaltung bieten. Gute Partner für klein bleibende Arten sind außerdem Stauden, die flache Polster oder Teppiche bilden. Sie können auch **duldsame Zwerg- oder Halbsträucher** mit lockerem Wuchs einsetzen, wie zum Beispiel Polster-Fetthenne (*Sedum telephium* 'Weihenstephaner Gold') oder Silberwurz (*Dryas × suendermannii*).
Ebenfalls geeignet sind **Laub abwerfende Gehölze**, deren Basis eine idealer Ausgangspunkt für die Ausbreitung vieler Arten darstellt. Geschützt am Wurzelanlauf von Sträuchern oder Bäumen können sich die Pflanzen ungestört entwickeln. Nur wenige andere Pflanzen neiden den einziehenden Arten den Platz im Traufbereich der Gehölze. Die Sträucher sind keine Konkurrenten, da sie vornehmlich im Frühsommer und Sommer wachsen und Wasser und Nährstoffe ohnehin aus größerer Tiefe beziehen. Dafür liefern die Gehölze über das Falllaub

Dezent: Hyazinthe 'Cronos' trifft Balkan-Anemone 'White Splendour'.

den nötigen Humus und verdrängen Konkurrenten der Zwiebelblumen aus deren Lebensraum. Pflanzen, die das ganze Jahr über ein gewisses Maß an Feuchtigkeit oder eine gute Nährstoffversorgung benötigen, können allerdings unter stark wasserzehrenden Laubgehölzen (zum Beispiel Birken, Kastanie, Walnuss) zurückgehen. Erschwerend kommt bei der Walnuss hinzu, dass sie Ausscheidungen produziert, die das Aufkommen und Wachstum von Nahrungskonkurrenten in ihrem Wurzelbereich bremsen. Am besten geeignet sind Gehölze mit lockerem Kronenaufbau, die auch im Sommer Licht und Wasser auf den Boden gelangen lassen.

Letztlich kann man auch **Rasengräser** als gute Partner bezeichnen, sofern sie keine geschlossenen Decken bilden. So kann der vernachlässigte, lückig gewordene Rasen ein guter Platz für Zwiebel- und Knollenpflanzen sein (siehe Kasten Seite 26). Selbstverständlich darf man mit dem Mähen erst dann beginnen, wenn sich die Zwiebelgewächse wieder zurückgezogen haben. Geeigneter „Startplatz“ ist auch hier der Wurzelteller im Rasen stehender Bäume. Von dort können sich die Pflanzen selber ihren Weg suchen. Ameisen machen vielen Arten „Beine“, indem sie die Zwiebelblumen-Samen wegen der nahrhaften Anhängsel verschleppen. Auch Mäuse sind als „Reisemittel“ für Brut- oder Nebenzwiebeln bekannt.

Mit horstig wachsenden, verträglichen **Ziergräsern** hat man hinsichtlich des Konkurrenzverhaltens weniger Probleme, sofern man Wurzeldruck und Schatten ertragende Arten wählt, die zur Blütezeit der Zwiebelpflanzen ansehnlich sind. Beispielsweise geeignet sind Schneemarbel (*Luzula nivea*), Morgenstern-Segge (*Carex grayi*) oder Vogelfuß-Segge (*C. ornithopoda*).

Mit der Sonne gestalten

Grundsätzlich ist es leichter, sonnige Standorte zu bepflanzen, als halb- bis vollschattige Bereiche. Gerade für Zwiebelpflanzen, von denen die meisten die heißesten und trockensten Monate des Jahres geschützt im Boden verbringen, herrschen an offenen Standorten gute Wachstumsbedingungen. Viele der Arten wachsen am Naturstandort in praller Sonne, allerdings oft in kühlerem und feuchterem Gebirgsklima. Aber selbst Frühjahrs-Geophyten, die von Natur aus Schat-

Unpassende Nachbarn für Zwiebelblumen

- Nadelgehölze
- immergrüne Zwergsträucher
- Stauden, die dauerhaft eine dichte Decke bilden, früh austreiben und so die Blüten der Zwiebelgewächse verdecken oder durch dichtes Wurzelwerk bereits im Frühjahr mit ihnen konkurrieren.

ten bevorzugen, vertragen während ihrer Blüte in der kühlen und niederschlagsreichen Jahreszeit einen Platz an der Sonne.

Krokusse, Traubenhyazinthen und Tulpen sind die farblichen Highlights der sonnigen Freifläche. Beinahe alle Arten dieser Gattungen kommen mit offenen Standorten zurecht. Für andere ist die Sonne sogar unerlässlich, so für die Kaiserkronen (*Fritillaria persica*, *F. imperialis*) und Dolden-Milchstern (*Ornithogalum umbellatum*). Aber auch Arten von Blaustern (*Scilla*), Schneeglanz (*Chionodoxa*) und Schneeglöckchen (besonders *Galanthus elwesii*) kommen in den ersten Monaten des Jahres ohne Schatten aus. Bei feuchtem oder frischem Boden freuen sich Narzissen, Märzenbecher, Schachbrettblume und Zeitlose ebenfalls über einen hellen Platz.

Die Sommerblüher sind weniger tolerant. Pflanzen aus offenen Standorten sollten auch im Garten in die sonnige Freifläche gepflanzt werden. Das gilt für die meisten Zierlauch-Arten (*Allium*), für Steppenkerze (*Eremurus*), für einen Großteil der Lilien und die im Herbst blühende Sternbergie (*Sternbergia lutea*).

Kleinblumenzwiebeln begleiten in der sonnigen Freifläche spät austreibende Stauden und Gräser oder breiten sich am warmen Gehölzrand aus.

Ungewöhnliche Kombinationen werden gerne auf Gartenschauen gezeigt: hier eine Lilie der Sorte 'Lilium' in einem Meer aus Stachelnüsschen (*Acaena microphylla*).

Pflanzideen für den Schatten

Gartenbereiche, die die Sonne nicht oder kaum erreicht, empfindet man oft als Problemstandorte. Zwiebelblumen können helfen, diese Flächen zu bestimmten Jahreszeiten in den Mittelpunkt zu rücken. Vorausgesetzt, es fällt während der Vegetationsperiode der Zwiebel- oder Knollengewächse genug Licht in den Bestand und der Boden ist zu dieser Zeit ausreichend feucht. Diese Bedingungen sind zum Beispiel im Frühjahr im Schatten Laub abwerfender Gehölze gegeben. Hier fühlen sich die im Laubwald beheimateten Geophyten besonders wohl. Deren oberirdischer Lebenszyklus vollzieht sich, wenn die kahlen Gehölze noch ausreichend Licht zum Boden durchlassen, also zwischen Februar und Anfang Mai. Danach kommt es sehr schnell zur Samenbildung und zum Einziehen der Pflanze. Gute Beispiele dafür sind Bär-Lauch (*Allium ursinum*), Busch-Windröschen (*Anemone nemorosa*), Winterling (*Eranthis hyemalis*), Kaukasisches Schneeglöckchen (*Galanthus woronowii*) und Scharbockskraut (*Ranunculus ficaria*).
Gegen Ende des Frühjahrs sollte sich die Pflanzendecke im schattigen Bereich mit sommergrünen Stauden, Gräsern und Farnen geschlossen haben. Nur der Aronstab mit seinen aus leuchtend rot-orangen Beeren zusammengesetzten Fruchtständen und im lichten Schatten auch die Blüten

Bär-Lauch, so weit das Auge reicht: nicht nur dekorativ, sondern auch sehr schmackhaft!

der Herbst-Zeitlosen (*Colchicum autumnale*) verraten im Sommer und Herbst noch die Gegenwart von Zwiebel- und Knollengewächsen.

Farbspiele

Zwiebelblumen zaubern intensive Farbaspekte in den Garten, besonders die sich stark ausbreitenden und im Frühling blühenden Arten. Diese sind während ihrer Blütezeit weitestgehend konkurrenzlos und kommen deshalb voll zur Geltung. Das „verpflichtet“ natürlich, Farben gezielt einzusetzen und sorgfältig zu kombinieren. Denn schnell wird die Pflanzung allzu bunt. Monochrome Farbzusammenstellungen (Kompositionen mit einem Farbton) haben ihren besonderen Reiz. Aber nach dem grauen Winter mit Nebel und Frost darf es ruhig etwas farbenfroher zugehen:

→ **rot und weiß**, zum Beispiel Vorfrühlings-Alpenveilchen (*Cyclamen coum*) und Schneeglöckchen (*Galanthus nivalis*), später Hohler Lerchen-

Unkonventionell-modern: Orangefarbene Schafgarbe 'Walter Funcke' und purpurner Kugel-Lauch (*Allium sphaerocephalon*).

sporn (*Corydalis cava*), der weiße und rosafarbene Exemplare hervorbringt);

→ **gelb und weiß**: etwa Winterling (*Eranthis hyemalis*) und Großblütiges Schneeglöckchen (*Galanthus elwesii*);

→ **blau und purpurn**, beispielsweise Sibirischer Blaustern (*Scilla siberica*) und Teppich-Primel (*Primula juliae*);

→ **blau und weiß**, wie Hyazinthen und weiße Sorten der Balkan-Anemone (siehe Foto Seite 28).

Ganz „Wagemutige" setzen mit modernen Kontrasten von Orange und Rosa- oder Violett-Tönen fröhlich-frische Akzente im Garten.

Farben lassen sich zeitlich oder räumlich staffeln, was für noch mehr Überraschung sorgt. So kann sich ein blauer Garten im Laufe des Frühlings in ein gelbes oder einen rotes Blütenmeer verwandeln. Ein schönes Beispiel ist die Kombination vom Dalmatiner Krokus (*Crocus tommasinianus*) und Sibirischem Blaustern (*Scilla siberica*). Beide breiten sich relativ schnell aus und nehmen dann große Flächen ein. Ab Mitte März geht das Blauviolett des Krokus allmählich in das reine Blau des Blausterns über. Der Farbschwerpunkt liegt im Frühling auf Blau und Gelb. Später kommen Weiß und Rot dazu. Im Sommer ist die Farbpalette breit gestreut: Neben den zuvor erwähnten Farben kommen auch rosafarbene, violette und orange Töne vor. Dank des Arten- und Sortenreichtums der Zwiebelpflanzen lässt sich jeder Farbton herausarbeiten – immer in enger Gemeinschaft mit den Blatt- und Blütenfarben der begleitenden Pflanzen.

Bei der Verwendung muss man zwischen flächig und punktuell einsetzbaren Arten unterscheiden. Bei Zwiebelpflanzen mit flächiger Wirkung handelt es sich zumeist um niedrige Arten, die sich stark versamen: zum Beispiel Windröschen (*Anemone*), Schneeglanz (*Chionodoxa*), Blaustern (*Scilla*) oder Dalmatiner Krokus (*Crocus tommasinianus*). Dadurch hält sich der Aufwand für flächige Pflanzungen in Grenzen. Punktuell einsetzbare Arten wie Narzissen, Schneeglöckchen oder Tulpen vermehren sich bevorzugt über Brutzwiebeln oder breiten sich nur gering aus. Flächige Pflanzungen mit diesen

Arten sind deshalb aufwändiger: Sie lassen sich am besten verwirklichen, wenn Sie im Laufe der Jahre die Bestände teilen und gleich zu Beginn große Zwiebelmengen pflanzen. Eine Übersicht des Ausbreitungsverhaltens von Zwiebelpflanzen finden Sie auf dem hinteren Buchinnendeckel.

Zwiebelblumen überall

Ebenso, wie Zwiebelblumen im Hausgarten vergessen werden, geraten sie auch vielen Stadtgärtnern aus den Augen. Erinnern Sie die verantwortlichen Vertreter Ihrer Kommune doch mal daran, das Geld statt für teure Sommerblumen lieber für eine einmalige, aber dauerhafte Zwiebelblumenpflanzung auszugeben! Die richtigen Arten vorausgesetzt, lässt sich ein jährlich wiederkehrender und dabei sehr schöner Effekt erzielen.
Grundsätzlich unterscheidet sich die Verwendung von Zwiebelblumen im Hausgarten nicht von einer öffentliche Grünanlage. In der Regel sind die Bewohner und Nutzer eines Hausgartens jedoch stärker an einem perfekt komponierten, unter Umständen mit etwas mehr Aufwand erzielten Gartenbild interessiert als die Passanten oder Besucher einer öffentlichen Anlage. Im Privatgarten lassen sich auch schon mal Pflanzen verwenden, die mehr Aufmerksamkeit verlangen und regelmäßige Pflege verlangen.
Öffentliche Grünräume, wie Parks und Friedhöfe, Straßenränder und Wohnsiedlungen, vertragen wunderbar Farbtupfer derjenigen Zwiebelblumen, die sich stark ausbreiten und die (fast) keiner Pflege bedürfen. Hier tun sich besonders die robusten Trompeten-Narzissen hervor. Auch zahlreiche Arten von Kleinblumenzwiebeln, die zur Ausbreitung neigen, sind für diesen Zweck geeignet. Dabei kann jeder selbst aktiv werden, anstelle auf Maßnahmen finanzschwacher Stadt- oder Gemeindeverwaltungen zu warten. Wer die für den Hausgarten genannten Gestaltungsgrundsätze verinnerlicht hat, bereitet seinen Mitbürgern eine freudige Überraschung, wenn im Frühling an geeigneten Stellen „versteckte“ Zwiebelblumen zu blühen beginnen. In manchem Grünflächenamt wird man auch mit gespendeten Zwiebeln und Knollen und dem Angebot, die Pflanzung eigenhändig durchzuführen, auf offene Ohren stoßen. Solche Pflanzungen sind bestens geeignet für Wohnumfeld-Verbesserungen, wie sie im Rahmen von Hausgemeinschafts-, Kindergarten- und Schulaktionen stattfinden könnten. Multiplizieren Sie die Wirkung eines frühlingsbunten Zwiebelblumen-Hausgartens mit dem geballten Farbspektakel im öffentlichen Grün: Durch die frühe, farbenfrohe Blüte starten selbst die Bewohner wintertrüber Siedlungen motivierter ins neue Jahr!

Wer hinsichtlich der späteren Farbwirkung Zweifel hat, sollte die in Frage kommenden Arten in kleinen Mengen zusammen pflanzen, um zu sehen, wie sie in Kombination wirken und in welcher Abfolge sie unter den mikroklimatischen Bedingungen des eigenen Gartens auf- und verblühen.

Zwiebelgewächse – kleine und große Wunder

Mit Zwiebelblumen sind zumeist die bekanntesten Vertreter Tulpen und Narzissen gemeint, die man aufgrund der Größe ihrer Überdauerungsorgane oft als „Großblumenzwiebeln“ bezeichnet. Alle Arten mit weniger großen Speicherorganen werden „Kleinblumenzwiebeln“ genannt. Das hat auch etwas mit ihrem Handelsvolumen zu tun – für den Handel sind sie tatsächlich „kleine Fische“. Dabei bringt erst die gelungene Kombination der „Großen“ mit den „Kleinen“ Frühlingsstimmung in den Garten!

Bei näherer Betrachtung erkennt man selbst unter den Kleinblumenzwiebeln deren wahre Größe: hier die apart gemusterte Krokus-Sorte 'Pickwick'.

Großblumenzwiebeln

Tulpen und Narzissen machen entsprechend ihres Bekanntheits- und Beliebtheitsgrades den größten Teil des Blumenzwiebelhandels aus. Der Schwerpunkt ihrer Verwendung liegt eher in kurzfristig angelegten Wechselpflanzungen, auch wenn es insbesondere Narzissen, aber auch einige Tulpen über Jahre an ihrem ursprünglichen Standort aushalten. Sie werden im Herbst millionenfach gepflanzt, um öffentliche Anlagen, städtische Grünstreifen und Gartenschauen im darauffolgenden Frühling in ein Blütenmeer zu verwandeln. Die „Großen“ sind aber auch etwas für ambitionierte Gartenbesitzer, die gerne ihren Garten aufsuchen und Zeit investieren, um mit einigem Vorwissen optimale Bedingungen für diese Pflanzen zu schaffen und so das Gartenbild zu beleben. Die Zwiebeln von Tulpen und Narzissen sind (mit Ausnahmen) auffällig groß. Man kann sie mit anderen Großzwiebel-Arten in einer Gruppe zusammenfassen, da man sie ähnlich verwendet.

Tulpen

Wenn es einer Gattung von Zwiebelblumen zustehen würde, als Symbol für die gesamte Pflanzengruppe genannt zu werden, so wäre dieses Privileg der Tulpe (*Tulipa*) vorbehalten. Das vielseitige Liliengewächs kann es im Bekanntheitsgrad mit der Rose durchaus aufnehmen. In Persien wuchsen schon um 1000 n. Chr. Tulpen in den Gärten; seit dem 16. Jahrhundert ist die weitestgehend in Zentralasien beheimatete Gattung auch in Mitteleuropa bekannt. Spätestens während der Zeit des „Tulpenwahns“ oder der „Tulipomanie“ (siehe Seite 13) sind Auslese und Züchtung überliefert. Heute fächert sich das Sortiment in mehrere Klassen auf, die man nach Blütezeit (Frühblühende, Mittelfrühblühende, Spätblühende Tulpen) und Grad der züchterischen Einflussnahme („Wildtulpen“) gliedert (siehe Tabelle Seite 38/39). Zwar lassen sich auch bei den züchterisch stark bearbeiteten Arten noch Merkmale der „wilden“ Eltern

Blick in die goldgelbe Blüte der Darwin-Hybrid-Tulpe 'Golden Parade'.

ausmachen, aber die ersten Kreuzungen und Auslesen liegen zum Teil schon so lange zurück, dass man nicht immer eine bestimmte Art mit Gewissheit als Ausgangspunkt der Sortenentwicklung nennen kann.
So bekannt die Gattung auch ist, für die Pflanzenverwendung in Mitteleuropa ist sie nicht die einfachste – zu sehr unterscheiden sich die Standortbedingungen in ihrer ursprünglichen Heimat von denen in Deutschland, Österreich und den Nachbarländern:

→ Um Tulpen dauerhaft zur Blüte zu bringen, muss der Standort gut gewählt sein. Ein warmer Platz mit gutem Wasserabzug in nährstoffreichem, offenem Boden ist Grundvoraussetzung für das Gedeihen.

→ Die meisten Tulpen dulden außerdem keine Konkurrenz zu Stauden und lassen sich letztlich nur mit einjährigen Bodendeckern wie Strand-Silberkraut oder Duft-Steinrich (*Lobularia maritima*), Feuer-Salbei (*Salvia splendens*) und Stiefmütterchen (*Viola × wittrockiana*) überpflanzen.

→ Nach der Blüte sollte man die Blütenstände abschneiden; die Blätter werden dagegen bis zum Verschwinden des grünen Blattfarbstoffes geschont, da sich die Zwiebeln jährlich neu aus der Kraft der Blätter bilden.

→ Zusätzlich ist ein Ausgraben der Zwiebeln zwischen Ende Mai und Ende Juni (je nach Art und Witterung) bei einem Großteil der Sorten ein alljährliches, spätestens alle drei bis vier Jahre notwendiges Ritual.

Für den modernen Garten sind diese Praktiken aber nur selten realisierbar. Schließlich sollen die meisten Anlagen pflegeleicht gestaltet werden. Dafür kommt einerseits die Verwendung genetisch gering veränderter Wildarten in Frage, die sich in ihrem Erscheinungsbild allerdings oft stark von der klassischen Tulpe unterscheiden. Eine weitere Möglichkeit ist das Pflanzen robuster Sorten, die dann ihrem Schicksal im Garten überlassen bleiben. Das Ergebnis kann sehr unterschiedlich ausfallen. Oft sinkt die Zahl der blühfähigen Pflanzen innerhalb weniger Jahre. Die kleinen Zwiebeln treiben dann nur noch ein einzelnes Blatt. Es wird aber auch immer wieder berichtet, dass sich Pflanzen zu gelben oder roten Grundformen zurück entwickeln. Möglicherweise fußen diese Beobachtungen aber auf einem Trugschluss, weil lediglich einfache und robuste Darwin-Hybrid-Sorten wie 'Appeldoorn', 'Parade' oder 'Golden Parade' die Pflanzung überdauern und sichtbar bleiben, während empfindlichere Tulpen-Sorten eingehen. In der Tabelle auf Seite 38/39 stellen wir Ihnen geordnet nach Tulpen-Klassen die Auslesen vor, die sich unter anderem bei einem großen Aufpflanzversuch, den das Internationale Zwiebelblumenzentrum an verschiedenen Forschungseinrichtungen durchführen ließ, als robuste Gartensorten be-

Tulpen wollen ein vollsonnigen Standort mit gut nährstoffversorgtem und wasserdurchlässigem Boden, der den Sommer über trocken ist. „Hungernde" oder zu feucht stehende Tulpen treiben zunehmend weniger Blüten oder schließlich nur noch einzelne Blätter.

Übersicht der Tulpen-Klassen

Tulpen-Klasse	Sorte	Farbe
Frühblühende Tulpen		
Klasse I Einfache Tulpen	'Coleur Cardinal'	karmesinrot, außen grau bereift
Klasse II Gefüllte Tulpen	'Monte Carlo' 'Schoonoord'	schwefelgelb weiß
Mittelfrühblühende Tulpen		
Klasse III Triumph-Tulpen	'Don Quichotte' 'Negrita' 'Page Polka' 'Yokohama'	purpurrosa dunkelrosa tiefrot, weiß gestreift und weiße Basis gelb
Klasse IV Darwin-Hybrid-Tulpen	'Ad Rem' 'Appeldoorn' 'Golden Appeldoorn' 'Orange Sun'/'Oranjezon' 'Oxford' 'Parade' 'Golden Parade' 'Pink Impression'	scharlachrot mit schwarzer, gelb gerandeter Basis orange-scharlachrot kräftig goldgelb orange orange, gelber Basalfleck scharlachrot gelb malvenrosa
Spätblühende Tulpen		
Klasse V Einfache wie Darwin- oder Cottage-Tulpen	'Gander' 'Maureen' 'Menton' 'Orange Bouquet' 'Queen Of The Night'	magentarot marmorweiß rosa, die Ränder orange gestreift, innen mohnrot hell-orange, gelbe Basis dunkelrotbraun
Klasse VI Lilienblütige Tulpen	'Ballade' 'Ballerina' 'China Pink' 'Queen of Sheba' 'White Triumphator'	rosa mit weißem Rand außen blutrot-orange geflammt, innen orangegelb lebhaft rosa rot, an den Rändern gelb-orange reinweiß
Klasse VII Gefranste Tulpen	'Hamilton'	gelb
Klasse VIII Viridiflora-Tulpen	'Spring Green'	elfenbeinfarben, grün gefiedert
Klasse IX Rembrandt-Tulpen	Sorten sind nicht mehr im Handel erhältlich	mehrfarbige Blütenvarianten kommen in anderen Klassen vor
Klasse X Papageien-Tulpen	'Rococo'	karminrot, feuerrot gerandet
Klasse XI Gefüllte Tulpen	'Angelique'	hellrosa mit hellerem Rand

Übersicht der Tulpen-Klassen

Tulpen-Klasse	Sorte	Farbe
„Botanische Tulpen"		
Klasse XII Kaufmanniana-Tulpen	'Gaiety' 'Johann Strauß' 'Showwinner' 'Stresa'	rosarot/weiß rot mit gelbem Rand, innen weiß mit gelber Mitte kardinalrot, innen signalrot mit gelber Basis goldgelb mit rot
Klasse XIII Fosteriana-Tulpen	'Golden Emperor' 'Juan' 'Purissima' 'Orange Emperor'	gelb rotorange, an der Basis gelb weiß orange, außen grün überlaufen
Klasse XIV Greigii-Tulpen	'Cape Cod' 'Plaisir' 'Red Reflection' 'Toronto'	aprikosenfarben mit gelbem Rand, innen bronzegelb cremeweiß mit rotem Band magentarot vermillonrot, innen orangerot
Wildtulpen (*Tulipa sylvestris, T. tarda, T. humilis, T. linifolia, T. praestans,T. turcestanica* u.a.)		
Klasse XV	'Alba Caerulea Oculata' 'Bright Gem' 'Persian Pearl' 'Zephyr' 'Unicum' 'Van Tubergen's Variety'	weiße Blüten mit stahlblauer Mitte goldgelb, orange magentarosa blutrot mit schwarzer Mitte orangerot, weißgeränderte Blätter orange-scharlachrot

währt haben. Hierzu zählen unter anderem einige Sorten der Darwin-Hybriden und der Lilienblütigen Tulpen. Für Gartenfreunde, die sehr viel Zeit im Garten verbringen, mag es aber auch eine anregende gestalterische Tätigkeit sein, jährlich Pflanzbilder mit neuen Farben und Formen zu schaffen, die durch die ständig neue Pflanzung unterschiedlicher Tulpen-Sorten entstehen. In diesem Fall spielt die Dauerhaftigkeit nur eine untergeordnete Rolle. Tulpen kann man dann wie Sommerblumen im Gartenbeet einsetzen – eben nur mit anderen Pflanz- und Blütezeiten.
Das Tulpen-Sortiment gliedert sich in 15 Klassen, die in der oben stehenden Tabelle hinsichtlich gemeinsamer Merkmale aufgeführt sind. Diese Aufstellung bündelt die Tulpenvielfalt, auch wenn einzelne Vertreter einer Klasse abweichende Eigenschaften als die der Klasse zugeschriebenen haben. Angaben zur Langlebigkeit, der Blühdauer und Blütenanzahl sowie zur Gartenwürdigkeit sind deshalb nicht durchgängig möglich.

Man unterscheidet:

→ **Einfache Frühe Tulpen** (Klasse I), die meist nur zwischen 25 und 35 cm hoch werden und bereits im April blühen. Sie werden gerne in temporären Schaupflanzungen eingesetzt und als Schnittblumen gezogen.

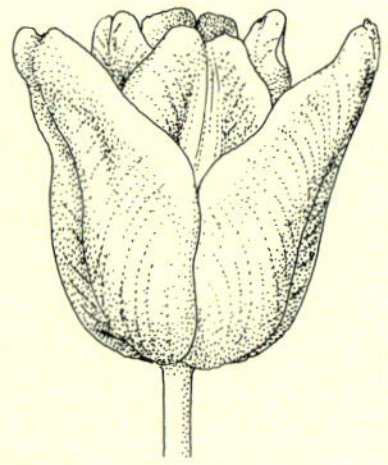

Einfache Frühe Tulpe

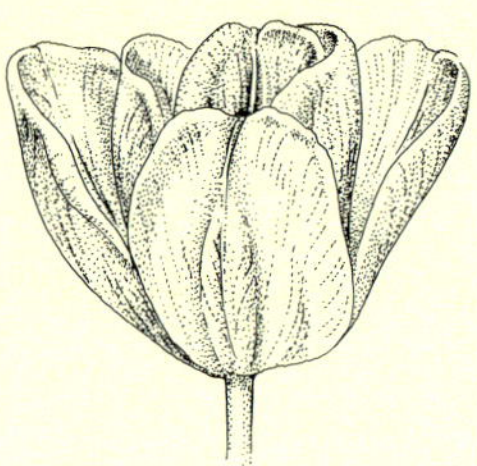

Darwin-Hybrid-Tulpe

→ **Gefüllte Frühe Tulpen** (Klasse II) ähneln den vorigen in Höhe und Blütezeit, besitzen aber gefüllte Blüten. In diese Gruppe gehören auch die Abkömmlinge der alten, duftenden Sorte 'Murillo' von 1860, aus der viele weitere Sorten hervorgegangen sind. Gefüllt blühende Tulpen eignen sich nur bedingt für Beetpflanzungen, da sie infolge der schweren Blüten bei Regenwetter leicht abknicken.

→ **Triumph-Tulpen** (Klasse III) sind aus Kreuzungen zwischen frühen und späten, einfachen Tulpen hervorgegangen und liegen deshalb mit ihrer Blütezeit in der Mitte der Tulpensaison, blühen also April/Mai. Die Sorten sind in der Regel deutlich höher als die zuvor genannten, im Schnitt sind ihre Stängel zwischen 40 und 50 cm hoch. Sie eignen sich für Beetpflanzungen und als Vasenschmuck für lebafte Frühlingssträuße.

→ **Darwin-Hybrid-Tulpen** (Klasse IV) werden mit 50 bis 65 cm noch höher. Die prächtigen Tulpen blühen ebenfalls in der Mitte der Saison und gelten im Garten als sehr ausdauernd.

→ **Rembrandt-Tulpen** (Klasse IX) bilden eine Klasse mit unterschiedlichsten Blütenformen. Gemeinsam ist ihnen der Farbenreichtum mit gesprenkelten oder gestreiften, oft mehrfarbigen Blütenblättern. Die unregelmäßige, wie gemalt wirkende Farbgebung ist auf den Befall mit einem Mosaikvirus zurückzuführen (siehe Seite 13). Die eigentlichen Rembrandt-Tulpen sind nicht mehr im Handel, jedoch gibt es ähnlich gefärbte Sorten in anderen Klassen.

→ **Die Einfachen Späten Tulpen** (Klasse V) folgen im Mai. Sie werden etwa so hoch wie die Darwin-Hybrid-Sorten und sind für abwechslungsreiche Pflanzungen zusammen mit Sommerblumen oder Stauden geeignet.

→ **Lilienblütige Tulpen** (Klasse VI) sind elegante Geschöpfe. Die schmalen Blütenköpfe mit den nach außen gebogenen Blütenblättern besitzen einen besonderen Reiz. Lilienblütige Tulpen werden zwischen 40 und 60 cm hoch, blühen April oder Mai und passen in Wechselpflanzungen oder auf Staudenbeete.

→ **Gefüllte Späte Tulpen** (Klasse XI) zeigen sehr lange Stängel und zum Teil sehr dicht gefüllte Blüten („Päonienblütige Tulpen"). Dic auffälligen Sorten eignen sich für Schaupflanzungen und für den Vasenschnitt.

Im Laufe der Jahrhunderte haben natürliche und züchterische Auslese einige Sonderformen hervorgebracht, welche die Gärtner in drei Klassen zusammenzufassen versuchten:

→ **Gefranste Tulpen** (Crispa-Tulpen, Klasse VII) besitzen Blütenblätter mit fein gefransten Rändern.

Einfache Darwin-Hybrid-Sorten wie 'Ad Rem', 'Golden Apeldoorn', 'Golden Parade' oder 'Parade' halten oft Jahre im Garten aus, ohne dass man sie ausgraben und den Winter über lagern muss.

Zweifarbige Blüte von *Tulipa greigii.*

→ **Viridiflora-Tulpen** (Klasse VIII) zeigen unterschiedlich stark vergrünte Blüten. Deshalb will die Kombination mit Stauden wohl überlegt sein. Ein neutraler Hintergrund ist gestalterisch ratsam.

→ **Papagaien-Tulpen** (Klasse X) stellen die dritte Gruppe der „Sonderlinge". Deren Sorten zeigen verdrehte, eingeschnittene Blütenblätter mit unterschiedlichem Farbenspiel und teilweise zusätzlichen Vergrünungen. Auch diese Sorten sind nur schwer zu integrieren und sind daher eher etwas für Liebhaber.

Den Übergang zu den Wildtulpen bilden drei Tulpenklassen, die so genannten **„Botanischen Tulpen"**. Ihre Vertreter zeigen noch viele Merkmale ihrer „wilden Verwandten" und lassen sich deshalb recht sicher den drei Arten *T. kaufmanniana, T. fosteriana* und *T. greigii* zuordnen.

→ **Kaufmanniana-Tulpen** (Klasse XII) werden wegen ihrer weit geöffneten Blüte auch „Seerosen-Tulpen" genannt. Sie sind in der Regel nur 20 cm hoch und blühen bereits im März oder Anfang April. Diese Tulpen finden sowohl im Staudenbeet als auch im Steingarten Verwendung. Leider werden sie gerne von Nacktschnecken gefressen.

→ **Fosteriana-Tulpen** (Klasse XIII) werden zwischen 20 und 40 cm hoch und blühen im April. Die großen, leuchtend roten Blüten fallen sofort ins Auge. Die Pflanzen passen an sonnige Gehölzränder oder in Steingärten.

→ **Greigii-Tulpen** (Klasse XIV) mit ihren braunrot gestrichelten oder getupften Blättern sind leider recht kurzlebig. Sie bleiben ebenfalls klein (20 bis 35 cm) und blühen Ende April/Anfang Mai. Die Greigii-Hybriden eignen sich sehr gut für Grabbepflanzungen, Tröge und Rabatten.

Die „Botanischen Tulpen" haben wir im voran gegangenen Abschnitt im Hinblick auf ihre Pflegeleichtigkeit empfohlen. Dabei kann man nicht pauschal behaupten, dass sie immer pflegeleichter als moderne Sorten seien.

→ **„Wildtulpen"** (Klasse XV) waren das Ausgangsmaterial für eine Reihe von robusten Hybriden, die sich auch in Langzeitversuchen als dauerhaft be-

Lilienblättrige Tulpe

Papageien-Tulpe

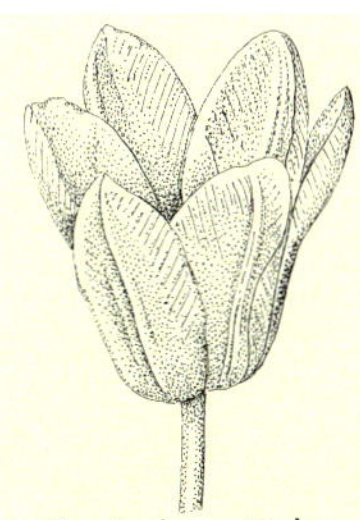

Fosteriana-Tulpe

Greigii-Tulpe

währt haben. Einigen Wildformen ist allerdings das Heimweh nicht abzugewöhnen. Sie gedeihen nur in sommertrockenen und sommerwarmen Lagen zuverlässig. Sehr pflegeleichte Arten sind Wilde oder Weinbergs-Tulpe (*Tulipa sylvestris*) und Späte Tulpe (*T. tarda*). Bei guten Standortbedingungen gilt das auch für die Damen-Tulpe (*T. clusiana* var. *chrysantha*) sowie für die Tulpen-Arten *T. humilis, T. linifolia, T. praestans* und *T. turcestanica*. Es lohnt sich, diese Arten einmal näher zu betrachten:

Die Späte Tulpe ist die einzige Tulpen-Art, die sich bei uns zuverlässig durch Versamung ausbreitet.

→ Die Damen-Tulpe (*T. clusiana* var. *chrysantha*) ist eine schmalblütige elegante Wildtulpe mit etwa 20 cm hohen, außen karminroten Blüten. Die in Afganistan beheimatete Art blüht im Mai und neigt am zusagenden Standort zur flächigen Ausbreitung durch Ausläufer.

→ *T. humilis*, auch als *T. pulchella* oder *T. violacea* gehandelt, wird nur etwa 10 bis 15 cm hoch. Die frühe Tulpe blüht normalerweise violettrosa. Die Farbe lässt sich durch die Sortenwahl variieren, so treibt 'Alba Caerulea Oculata' weiße Blüten mit stahlblauer Mitte, 'Persian Pearl' ist magentarosa und 'Zephyr' blutrot mit schwarzer Mitte.

→ *T. linifolia* und *T. batalinii* gelten als Synonyme. Im Handel bezeichnet *T. linifolia* die roten und *T. batalinii* die gelb blühenden Pflanzen. Diese Tulpe wird 10 bis 15 cm hoch. Sorten wie 'Bright Gem', 'Bronze Charme' und 'Red Jewel' bieten eine breitere Farbpalette.

→ *T. praestans* wächst in ihrer asiatischen Heimat auf tiefgründigen Bö-

Was heißt hier pflegeleicht?

Wenig Pflegeaufwand mit einer Pflanze zu haben, kann im Einzelfall unterschiedliche Bedeutung haben. Bei den „pflegeleichten" Kleinblumenzwiebeln ist hier eher deren Fähigkeit zur hier erwünschten Verwilderung und damit flächigen Ausbreitung ohne Zutun des Menschen gemeint.

Bei den Großblumenzwiebeln versteht man darunter in der Regel den tatsächlichen Pflegeaufwand. „Pflegeleichte" Arten sind dann die robusten, genügsamen und langlebigen Vertreter, die keine Sonderbehandlung hinsichtlich Boden, Wasser, Dünger erfahren oder die man nicht jährlich nachpflanzen muss.

den im lichten Gehölzbereich. Bei uns blüht sie im April ziegelrot. Als beste Sorte gilt die 35 cm hohe 'Füsilier'. Daneben werden auch die Sorten 'Unicum' (orangerot, weißgeränderte Blätter) und 'Van Tuber-gen's Variety' angeboten. Letztere wird nur 20 bis 25 cm hoch und blüht orange-scharlachrot.

→ Die Weinbergs-Tulpe (*Tulipa sylvestris*, siehe Foto Seite 10) ist offensichtlich aus unterschiedlichen Orten in unsere Breiten gelangt, wo sie in wärmeren Regionen inzwischen als eingebürgert gilt. Ein Großteil der im Handel erhältlichen Zwiebelpflanzen bildet viel Laub und wenig Blüten. Doch auch hier ist der Standort entscheidend: auf nährstoffreichen, warmen Böden werden eher Blüten gebildet. Die Sorten 'Täbriz' und 'Grootebroek' sind blühwilliger.

→ Die Späte Tulpe (*T. tarda*) ist die robusteste der kleinen Tulpen. Sie vermehrt sich reichlich durch Samen und treibt im April zuverlässig ihre gelb-weißen, außen grünlich oder bräunlich überlaufenen Blüten. Je nach Standort wird die Pflanze 10 bis 20 cm hoch und ist von der Verwendung eher den Kleinblumenzwiebeln zuzurechnen, da sich diese Wildtulpe hervorragend zum Besiedeln großer Flächen eignet. Sie passt besonders gut in naturnahe Pflanzungen.

→ *T. turcestanica* ist leider in der Blüte blass, versamt sich aber in geeigneter Lage reichlich. Die 20 bis 30 cm hohe Pflanze treibt bis zu zwölf weiße, außen grau-violette Blüten pro Pflanze. Blütezeit ist April.
Alle genannten Arten bieten sich für die Bepflanzung von Steingärten an. Wegen ihres hohen Nährstoffbedarfs sind sie für intensive Pflanzungen wie Dachbegrünungen nicht geeignet.
Eine wichtige Eigenschaft ist der Tulpe nicht zu nehmen: Sie ist im Frühjahr eine der bedeutendsten Schnittblumen.
Für Menschen, die gerne Blumen für die Vase im eigenen Garten kultivieren, ist sie also ein Muss.

Die robustesten Wildtulpen sind hinsichtlich ihrer Zwiebelgröße, ihrer Eigenschaften und Verwendung mit den Kleinblumenzwiebeln gleichzusetzen, da sie mit sonnenhungrigen Stauden, Lauch-Arten und Traubenhyazinthen kombiniert werden können.

Narzissen

Die Einschränkungen, die für die Verwendung von Tulpen galten, betreffen die Narzissen (*Narcissus*) kaum. Die in Europa und Nordafrika verbreitete Gattung, die zu den Amaryllisgewächsen gehört, ist deutlich robuster.
Die meisten Arten mögen mehr Wasser und brauchen weniger Wärme als Tulpen. Das macht sie für unser Klima zu ausdauernden und dankbaren Gartenpflanzen. Das gilt besonders für die Abkömmlinge der heimischen Trompeten-Narzisse oder Osterglocke (*Narcissus pseudonarcissus*), der Dichter- (*N. poeticus*) und der Alpenveilchen-Narzisse (*N. cyclamineus*). Diese samen sich zwar kaum aus, bestechen aber durch Langlebigkeit, besonders auf frischem, lehmigem Sandboden. Sie tolerieren aber auch trockenere Verhältnisse und sind deshalb für jeden Gartenboden geeignet.

Die großen Blüten aus Krone und Nebenkrone sowie die Langlebigkeit machen Narzissen zu den wichtigsten Frühlingsblumen. Die Pflanzen halten sich selbst auf Wiesen über lange Jahre, sofern die Mahd nicht vor dem Verwelken des Laubes stattfindet. Narzissen passen aber auch sehr gut ins Staudenbeet, hier dann in Kombination mit kräftigen, einziehenden Arten, die erst ab Mitte bis Ende Mai den Platz der Narzissen einnehmen und dann die unansehnlich gewordenen Pflanzen mit ihren Blättern kaschieren.

Gelb ist die zentrale Farbe der Narzissen. Dabei herrschen schwefel- und zitronengelbe Töne vor. Die Dichter-Narzisse bringt reines Weiß in die Ergebnisse zahlreicher Züchtungen. Ihr rötlich-oranges Röckchen findet sich ebenfalls bei vielen Sorten.

Um den Überblick über das Sortiment nicht zu verlieren, haben die Züchter auch bei den Narzissen eine Einteilung vorgenommen. Hier unterscheidet man zwölf Divisionen, von denen hier nur die wichtigsten vorgestellt werden; die nebenstehende Tabelle gibt einen guten Überblick.

Zu den pflegeleichten Narzissen zählt man Trompeten-Narzissen *(N. pseudonarcissus)*, Großkronige Narzissen (meist Abkömmlinge von Kreuzungen *mit N. poeticus* und N. *pseudonarcissus*), Teller-Narzissen (*N. × barrei*) und Zwerg-Narzissen (kleine Auslesen *von N. pseudonarcissus, N. triandrus, N. cyclamineus*). Letztere könnte man hinsichtlich Zwiebelgröße, Ei-

Narzissen für den Halbschatten und Schatten
Trompeten-Narzissen (*N. pseudonarcissus*)

Narzissen für die Sonne
Dichter-Narzissen (*N. poeticus*) und mehrblütige Narzissen: Straußblütige Tazetten (*N. × medio-luteus*), Engelstränen-Narzissen (*N. triandrus*) und mehrblütige Jonquillen (*N. jonquilla*).

'Golden Harvest' gehört zu den ausdauerndsten Narzissen-Sorten. Der Name verspricht eine „Goldene Ernte" leuchtender Blütenglocken für die Vase.

genschaften und Verwendungszweck auch bei den Kleinblumenzwiebeln einordnen und gemeinsam mit diesen verwenden. Besonders wichtig für den Garten sind die bereits im Februar und März blühenden, ausbreitungsfreudigen Sorten 'Tête-à-Tête' und 'February Gold'.
Aber auch 'February Silver', 'Jack Snipe', 'Jetfire', 'Peeping Tom' und 'Sunrise' sind ausdauernde Sorten für sonnige oder halbschattige Pflanzplätze.

→ **Trompeten-Narzissen** (*N. pseudonarcissus*, Division I) und hier besonders die Sorten 'White Plume', 'Dutch Master' und 'Exception' haben sich im Aufpflanzversuch als schattenverträglich gezeigt. Die bewährte 'Golden Harvest' ist sehr ausbreitungswillig. Aber auch bei 'Foresight', 'Las Vegas', 'Primeur' und 'Spellbinder' nimmt die Zahl der Blüten im Laufe der Standzeit zu. Die im westlichen Europa verbreitete Ausgangsart *N. pseudonarcissus* blüht in der Natur in großen Beständen, zum Beispiel die Narzissenwiesen bei Hellenthal in der Eifel. Im Garten ist sie leider weniger blühfreudig.

Übersicht der Narzissen-Divisionen

Division	Gartentaugliche Sorten o. Arten	Farbe Krone/ Farbe Nebenkrone
Division I Trompeten-Narzissen	'Dutch Master' 'Exception' 'Foresight' 'Golden Harvest' 'Las Vegas' 'Primeur' 'Spellbinder' 'White Plume'	gelb gelb weiß/gelb gelb weiß/gelb gelb gelb/gelb-weiß wieß/gelblich
Division II Großkronige Narzissen	'Flower Record' 'Fragant Breeze' 'Gigantic Star' 'Pink Star'	weiß/gelb weiß/gelb gelb weiß/rosa
Division III Kleinkronige Narzissen	'Barrett Browning' 'Birma'	weiß/orange gelb/orange
Division IV Gefüllte Narzissen	'Bridal Crown' 'Cheerfulness'	gelb weiß/gelb
Division V Triandrus-Hybriden	'April Tears' 'Havera'	gelb weiß
Division VI Cyclamineus-Hybriden	'February Gold' 'February Silver' 'Jack Snipe' 'Jenny' 'Jetfire' 'Peeping Tom'	gelb weiß/gelb weiß/gelb cremeweiß gelb/orange gelb, sehr lange Trompete
Division VII Jonquilla-Hybriden	'Dickcissel' 'Pipit'	gelb/weiß gelb/weiß
Division VIII Tazetta-Hybriden	'Geranium'	weiß/orange
Division IX Poeticus-Hybriden	'Actaea' 'Edna Earl' *N. p.* subsp. *recurvus*	weiß/rot weiß/rot weiß/rötlich
Division X Wildarten	*Narcissus bulbocodium* (Reifrock-Narzisse) *N. obvallaris* *N. pseudonarcissus*	gelb gelb gelb
Division XI Splittkoronas	'Broadway Star' 'Cassata' 'Chantarelle'	weiß/orangegelb weiß/weiß weiß/gelb
Division XII Sonstige	keine empfehlenswerten Sorten o. Arten	-

→ **Die Großkronigen Narzissen** (Division II) haben einen großen Strahlenkranz (Krone) aus Blütenblättern, aber ein im Verhältnis zu den Trompeten-Narzissen kürzeres Röckchen (Nebenkrone), das sie von der Dichter-Narzisse geerbt haben. Es kommen alle Farbkombinationen von Blütenblättern (gelb oder weiß) und Röckchen (gelb oder orange) vor. Robuste Sorten sind 'Flower Record', 'Fragant Breeze', 'Gigantic Star' und 'Pink Star'. Bei den gefülltblühenden Sorten haben sich 'Cheerfulness' und 'Bridal Crown' bewährt.

→ **Dichter-Narzissen** (*N. poeticus*) haben eine ganz besondere Ausstrahlung. Ihre große milchweiße Krone und das orange Röckchen fallen in der Pflanzung sofort auf. Massenblühaspekte der Wildform haben zur Blütezeit früher Tausende von Touristen an den Genfer See gezogen. Heute ist die Pflanze dort selten geworden. Für den Garten hat sich besonders die Sorte 'Actaea' bewährt, aber auch 'Edna Earl' gilt in sonnigen Lagen als einigermaßen ausdauernd.

→ Daneben gibt es eine ganze Reihe weiterer Narzissen, wie etwa die straußblütigen **Tazetten** (*N.* × *medioluteus*), **Engelstränen-Narzissen** (*N. triandrus*) und die ebenfalls mehrblütigen **Jonquillen** (*N. jonquilla*). Deren Stammformen kommen zumeist aus dem Mittelmeerraum und stellen hohe Ansprüche an den Standort. Ihre Sorten sind zum Teil deutlich gartentauglicher als die Stammformen, sind aber weit weniger robust als die zu Beginn erwähnten Narzissen. Für den Garten geeignet sind 'Geranium', 'Pipit' und 'Dickcissel'. Viele der mediterranen Arten sind nur bedingt winterhart und verlangen deshalb erhöhte Aufmerksamkeit.

Hyazinthen

Die heutige Handelsform unserer Hyazinthen hat mit der Wildform von *Hyacinthus orientalis*, der einzigen Art der Gattung mit Bedeutung für den Garten, nicht mehr viel gemeinsam. Im Laufe mehrerer Jahrhunderte ist aus der lockerblütigen Wildpflanze ein farbenprächtiges „Hochleistungsgewächs" geworden (siehe auch Foto Seite 28). Dabei hat die Hyazinthe eine besondere Karriere als Fensterbrettblume gemacht. Die frühe, duftende Blüte und die Fähigkeit, sich auch im Zimmer gut zu entwickeln, hat dieses Zwiebelgewächs zum Objekt einer Modebewegung gemacht. Besonders in den 1950er-Jahren war die Hyazinthentreiberei auf der Fens-

Nach einigen Jahren im Garten entwickeln sich Hyazinthen zu lockerblütigen „Wildtypen" zurück.

terbank mit den so typischen Glasvasen weit verbreitet. Derzeit erlebt sie mit dem Trend, den Frühling ins Haus zu holen, eine Rennaissance. Weniger bekannt ist der Wert der Hyazinthen für die Gartengestaltung. Während die prächtigen Sorten in den ersten Jahren zum Repertoire des gepflegten Zierpflanzen-Beetes zu rechnen sind, nähern sie sich nach längerer Standzeit den Wildformen an und lassen sich dann eher wie Kleinblumenzwiebeln im Beet integrieren. Bei einem mehrjährigen Aufpflanzversuch zeigte sich in Deutschland die Sorte 'Splendid Cornelia' (blauviolett) als besonders ausdauernd und ausbreitungswillig. Auch die Sorten 'Fondant' (rosa), 'City of Harlem' (gelb) und 'Carnegie' (weiß) hatten nach fünf Jahren von ihrer Blühfähigkeit kaum etwas eingebüßt. Nach mehrjähriger Standzeit im Garten zeigen viele Narzissen nur noch wenige Einzelblüten, die aber nichts von ihrer Farbintensität verloren haben und auch später beibehalten. Die degenerierten Pflanzen ähneln stark der Wildart, die im östlichen Mittelmeergebiet und in Kleinasien zuhause ist. Dort gedeiht sie auf warmen, sommertrockenen Standorten, die ihr auch in Mitteleuropa behagen. Selbst sehr trockener Sandboden ermöglicht dem Liliengewächs noch ein zufrieden stellendes Wachstum.
Hyazinthen lassen sich über Brutzwiebeln vermehren. Diese bilden sich, wenn man den Blütenboden kreuzweise einschneidet oder leicht aushöhlt und die Zwiebel anschließend mit dem Blütenboden nach oben wieder einpflanzt.

Lilien

Es gibt eine ganze Reihe von Pflanzen, die im Volksmund als „Lilien" bezeichnet werden. Dazu gehören Taglilien, Krötenlilien, Graslilien und Schwertlilien. Alle sind Stauden, die mit den „richtigen" Lilien nicht oder nur sehr entfernt verwandt sind.
Die „echten" Lilien (*Lilium*) sind Zwiebelpflanzen und ausgesprochene Sommerblüher, die mit über 80 Arten auf der gesamten Nordhalbkugel verbreitet sind. Die meisten haben ihren natürlichen Verbreitungsraum in Asien.
Lilien gehören mit zu den schönsten Blütenpflanzen überhaupt. Aber wie das mit der Schönheit nun mal ist – sie ist vergänglich. Die meisten Lilien sind nichts für den Garteneinsteiger! Wie ein Großteil der Zwiebelgewächse bevorzugen Lilien gut durchlässige leichte oder mittelschwere Lehmböden mit ausreichender Humusversorgung. Absonnige Standorte oder zumindest beschatteter Boden und luftfeuchtes Klima begünstigen das Wachstum. Bis auf wenige Ausnahmen, zum Beispiel Türkenbund-Lilie, Feuer- und Madonnen-Lilie, verlangen Lilien nach Böden mit saurer Boden-

Werfen Sie die verblühten Hyazinthen, die Sie im Spätwinter für die Fensterbank gekauft haben, nicht weg. Pflanzen Sie sie an einen sonnigen, gut drainierten Platz im Garten. Hier entwickeln sich die Pflanzen zu reizvollen, an die Wildform erinnernden Formen zurück und blühen oft jahrelang.

reaktion, also pH-Werte zwischen 5,5 und 6,5.
Da die Gattung sehr vielgestaltig ist, unterscheidet man bei den Wildarten sieben Sektionen, die das verwandtschaftliche Verhältnis zueinander ausdrücken. Die Sektionen sind nach ihrer Herkunft beziehungsweise nach einem typischen Vertreter der Gruppe benannt (siehe Tabelle auf Seite 49). Nachfolgend stellen wir Ihnen robustere und damit die im Garten stabilsten Lilien-Vertreter vor, mit denen auch Einsteiger einen Versuch wagen können.
Diese sind schon lange als Bauerngartenpflanzen bekannt und beliebt. Sie sind aus Kreuzungen zwischen Feuer-Lilie (*L. bulbiferum*, AS) und *L. maculatum* (AS) entstanden. Empfehlenswert sind 'Erect' (70 cm hoch), 'Grandiflorum' (75 cm hoch) und 'Invicible' (80 cm hoch). Gibt man ihnen einen warmen, sonnigen Platz und einen möglichst kalkhaltigen Boden, treiben sie durchschnittlich zehn, bei guter Ernährung bis zu dreißig Blüten. Auch die in Südeuropa verbreitete Unterart der Feuer-Lilie (*L. bulbiferum* subsp. *croceum*) ist eine recht pflegeleichte Gartenpflanze.

Die Feuer-Lilie macht ihrem Namen alle Ehre: Ihre trichterförmigen Blüten scheinen zu brennen.

Die Türkenbund-Lilie (*L. martagon*) ist eine heimische Wildpflanze, die leider an vielen Standorten selten geworden ist und in Deutschland unter strengem Schutz steht. Im Garten ist sie anspruchslos und besiedelt halbschattige bis schattige Stellen. An ihr zusagenden Plätzen samt sie sich aus. Stärker verbreitet als die Wildform sind Kreuzungen mit der aus Korea stammenden Gold-Türkenbund-Lilie (*Lilium hansonii*, MA) wie *L.* × *dalhansonii* und 'Jacques S. Dijt'. Die Madonnen-Lilie (*L. candidum*, CA; siehe Foto Seite 23) wurde schon über Jahrhunderte in Bauerngärten des Mittelmeerraums und Kleinasiens kultiviert. Sie mag keine Konkurrenz und möchte ungestört von anderen Pflanzen in kalkhaltigem Boden stehen.

Wer Lilien liebt, aber noch nicht viel Erfahrung mit Pflanzen hat, sollte mit Feuer-Lilien und Madonnen-Lilien beginnen. An einem vollsonnigen, warmen und geschützten Platz in nährstoffreichem, humosem Boden entwickeln sich diese beide Arten besonders prächtig.

Man pflanzt sie im August und zwar im Unterschied zu anderen Arten und Sorten nur 3 cm unterhalb der Bodenoberfläche. Eine weitere robuste Art ist *L. davidii*.
Zu einer eigenen, aber interessanten Gattung gehört die aus dem Himalaja stammende Riesenlilie (*Cardiocrinum giganteum*), die bei optimaler Ernährung eine Höhe von 3,50 m erreichen kann. Dieser Art gebührt aufgrund ihrer „überragenden" Eigenschaften eine Einzelstellung oder eine wohlüberlegte Einbindung im Hintergrund einer Staudenpflanzung.
Wegen ihrer attraktiven Blüten verwendet man Lilien heute gerne in Staudenpflanzungen der Gartenschauen. Im Garten setzen diese filigranen Schönheiten aparte Akzente.

Weitere Großblumenzwiebeln

Große Zierlauch-Arten

Die meisten Lauch-Arten gehören zu den Kleinblumenzwiebeln und lassen sich deshalb gut in naturnahen Staudenpflanzungen verwenden. So wird die Gattung *Allium* auch bei den „Kleinen" auf Seite 64ff. eingehend vorgestellt. Einige prächtige Zierpflanzen aus dieser Gattung sind dagegen eher für pflegeintensive Wechselpflanzungen geeignet, obwohl sie auf dem richtigen Standort durchaus dauerhaft sind. Dazu gehören Riesen-Lauch (*Allium giganteum*), Paukenschläger-Lauch (*A. rosenbachianum*) und die aus Zentralasien und dem Iran / Irak stammenden Lauch-Arten *A. aflatunense* und *A. jesdianum*. Das sind prächtige Pflanzen mit großen Zwiebeln und kugelrunden Blütenständen, die auf hohen, kahlen Stängeln sitzen. Hunderte purpurrosa oder purpurviolette Einzelblüten dominieren durch ihre Form und Farbe das Bild und sind im April der Höhepunkt

So schön die großen Lauch-Arten sind: wenn der Standort nicht optimal ist, hält die Freude nicht lange an. Die Kaiserkronen-Arten *Fritillaria imperialis* und *F. persica* sind dagegen leicht zu kultivieren. Viel Sonne und ein nährstoffreicher Gartenboden mit gutem Wasserabzug sind dafür allerdings Voraussetzung.

Übersicht der Lilien-Sektionen

Sektion (Abk.)	typ. Vertreter	Eigenschaften
Martagon-Sektion (MA)	*Lilium martagon*	kalkhold, feuchtigkeitsliebend
Amerikanische Sektion (AM)	*Lilium pardalinum*	kalkfliehend, sonnenhungrig, feuchtigkeitsliebend
Candidum-Sektion (CA)	*Lilium candidum*	sonnenhungrig, pilzanfällig
Orientalische Sektion (OR)	*Lilium speciosum*	kalkfliehend, feuchtigkeitsliebend
Asiatische Sektion (AS)	*Lilium bulbiferum*	sonnenhungrig, robust
Trompetenlilien-Sektion (TR/LO)	*Lilium regale* *Lilium longiflorum*	sonnenhungrig, duftend; kalkhold, nicht winterfest
Dauricum-Sektion (DA)	*Lilium dauricum*	feuchtigkeitsliebend, frühblühend (Juni)

jeder Staudenpflanzung. Besonders den Riesen-Lauch pflanzt man deshalb gerne in temporäre Pflanzungen, zum Beispiel auf Gartenschauen. Die aus Mittelasien stammenden Arten benötigen etwas Winterschutz sowie durchlässigen, sommertrockenen und einigermaßen nährstoffhaltigen Boden. Zu den genannten Arten werden außerdem eine Rewihe von Auslesen angeboten, die zum Teil aus Kreuzungen mehrer großer Lauch-Arten miteinander entstanden sind. Dazu gehören die in verschiedenen Violett-Tönen gefärbten Sorten 'Globemaster' (80 bis 100 cm hoch), 'Lucy Ball' (100 cm hoch) und 'Purple Sensation' (90 cm hoch); die bis zu 120 cm hohe Züchtung 'Mount Everest' trägt sogar weiße Blüten.

Interessanter Formenkontrast: Die vielblütige Lauch-Sorte 'Globemaster' hier zusammen mit einer Bart-Iris.

Kaiserkronen

Die zu den Liliengewächsen zählende Gattung *Fritillaria* hat eine Vielzahl aparter Zwiebelpflanzen hervorgebracht. Die meisten davon sind empfindliche Liebhaberpflanzen oder von ihrer Verwendung her eher den Kleinblumenzwiebeln zuzuordnen. Zwei Vertreter der Gattung gehören aber – im wahrsten Sinne des Wortes – zu den „ganz Großen" und sollen deshalb an dieser Stelle vorgestellt werden: Die als Bauerngartenpflanze bekannte Kaiserkrone (*F. imperialis*), die bis zu 1 m Höhe erreichen kann, außerdem die Persische Kaiserkrone (*F. persica*), eine besonders auffällige Zwiebelpflanze mit braunvioletten Blüten und grau bereiften Blättern. Ihre aus der Türkei stammende Auslese 'Adiyaman' wird zwischen 75 und 100 cm hoch und verlangt einen vor Spätfrösten geschützten, sommertrockenen, warmen Standort. Der auffällige Blütenstand erscheint im Mai und erinnert mit den hängenden, glöckchengleichen Blüten an einen Schellenbaum, wie man ihn bei Spielmannszügen sieht. *Fritillaria imperialis* ist weniger anspruchsvoll. Die ebenfalls sehr auffällig blühende Pflanze ist schon seit langer Zeit in Kultur und hat eine Reihe von verschiedenfarbigen Sorten hervorgebracht, zum Bei-

Apart in Form und Farbe: 'Adiyaman', eine Sorte der Persischen Kaiserkrone.

Die Gewöhnliche Kaiserkrone *Fritillaria imperialis* ist der Blickfang in jedem Beet.

Übersicht der Großblumenzwiebeln

Pflanzenart	Wuchshöhe (in cm)	Blütezeit	Blütenfarbe	Pflanztiefe (in cm)	Pflanzzeit
Riesen-Lauch (*Allium giganteum*)	120–150	IV	purpurrosa	8–10	IX
Paukenschläger-Lauch (*Allium rosenbachianum*)	100	V–VI	hellviolett o. weiß	8–10	IX
Kaiserkrone (*Fritillaria imperialis*)	60–100	IV–V	orange oder gelb	30	VI–VII
Hyazinthe (*Hyacinthus orientalis*)	20–30	IV–V	weiß, gelb, rot, blau	10–15	IX–X
Madonnen-Lilie (*Lilium candidum*)	80–120	VI–VII	reinweiß	3 cm!	VIII
Gefleckte Lilie (*Lilium maculatum*)	70–80	VI–VII	orange	15–20	IX
Lilien-Sorten (*Lilium*-Hybriden)	40–150	V–VII	weiß, gelb, orange, rot bis braun	20–30	IX
Narzissen-Sorten (*Narcissus*-Hybriden)	30–50	III–V	siehe Tabelle Seite 45	12–20	IX–X
Zwerg-Narzissen (z.B. *Narcissus cyclamineus* 'February Gold', 'Tête-à-Tête')	25–30	III	zitronen- bis goldgelb	8–12	IX–X
Tulpen-Sorten (*Tulipa*-Hybriden)	20–50	III–V	siehe Tabelle Seite 38f.	15–20	IX–XI
Wildtulpen (*Tulipa sylvestris, T. tarda, T. humilis, T. linifolia, T. praestans,T. turcestanica* u.a.)	5–50	III–V	siehe Tabelle Seite 38f.	8–12	IX–X

spiel 'Aurora' (rot-orange), 'Rubra Maxima' (rot-braun) und 'Lutea Maxima' (gelb). Kaiserkronen vermehren sich über Brutzwiebeln, die sich bei längerer, ungestörter Standzeit reichlich bilden. Sie vertragen volle Sonne, blühen aber auch noch im Halbschatten. Die faustgroßen Zwiebeln riechen ungenehm streng. Der Geruch soll Wühlmäuse vertreiben. *Fritillaria imperialis* und *F. persica* passen ins Staudenbeet, wobei man viel Rücksicht auf gleichzeitig blühende Partner nehmen sollte, da weder das kräftige Orange noch das stumpfe Braun mit jeder Farbe harmoniert.
Die Schachbrettblume (*Fritillaria meleagris*) mit ihren nickenden, „kariert" gemusterten Blütenglocken in Violett- oder Cremetönen gehört zu den Kleinblumenzwiebeln und wird deshalb auf Seite 62 vorgestellt.

Gewöhnliche Siegwurz

Gladiolen
Die bekannten Garten-Gladiolen (*Gladiolus*-Hybriden) stammen von afrikanischen Arten ab und überdauern auf Grund ihrer mangelnden Frostresistenz nicht in unseren Gärten. Damit erfüllen sie nicht die Kriterien dieser Zusammenstellung winterharter und pflegeleichter Zwiebelgewächse. Sie werden hier vorgestellt, aber nicht eingehender behandelt. Gladiolen pflanzt man im Frühjahr etwa 10 cm tief. Im Herbst muss man die Zwiebelknollen wieder aus dem Boden holen und sie trocken im Hause überwintern. Man unterscheidet innerhalb der Züchtungen nach ihrer Blütengröße; so gibt es miniatur-, klein-, mittelgroß-, groß- und riesenblütige Sortengruppen.
Die südeuropäischen Arten wie die Gewöhnliche Siegwurz (*G. communis*) sind zwar robuster, benötigen aber dennoch einen Winterschutz aus einer großzügigen Kompostschicht und Reisig. Die heimischen, zierlicheren Arten wie Sumpf-Siegwurz (*G. palustris*) und Dachziegelartige Siegwurz (*G. imbricatus*) verwendet man eher wie Kleinblumenzwiebeln oder Stauden. Sie sind nur selten als Zwiebelknollen im Handel.

Kleinblumenzwiebeln

Obwohl sie immer von ihren „großen Vettern" an den Rand gedrängt werden, verbirgt sich der wahre Zauber der Zwiebelgewächse für den Garten hinter der Gruppe der Kleinblumenzwiebeln. Als erste Frühlingsboten, die das Gartenjahr ankündigen, sind sie von größter Bedeutung. Das gilt besonders für die Arten, die sich durch Samen oder Brutzwiebeln ausbreiten und nach einigen Jahren große Flächen mit ihren Blüten überziehen. Man stelle sich eine blühende Krokuswiese inmitten noch winterkahler Umgebung vor: was für eine wohltuende, belebende Wirkung!

Eine Krokus-Sorte, die wirklich alle Blicke auf sich zieht: *Crocus chrysanthus* 'Eyecatcher'.

Krokusse

Neben Tulpen und Narzissen gehören Krokusse (*Crocus*) mit Sicherheit zu den bekanntesten Frühjahrsblumen. Bereits im Februar öffnen die ersten Arten ihre Blütenkelche und so scheinen sie in manchen Jahren direkt aus dem Schnee zu blühen. Die Auswahl ist schier unerschöpflich, da

- die zur Familie der Schwertliliengewächse gehörenden Gattung *Crocus* über einen großen Artenreichtum (etwa 90 Arten) verfügt,
- infolge des starken Interesses an der Gattung eine rege Auslesetätigkeit begann, aus der mannigfaltige Sorten hervorgegangen sind.

Besonders der Kleine Krokus (*Crocus chrysanthus*) und Frühlings-Krokus (*C. vernus*) haben mittlerweile viele Sorten hervorgebracht. Neben den Arten, die im Frühjahr blühen, gibt es auch herbstblühende Krokusse. Sie werden auf den Seiten 69ff. näher vorgestellt.

Krokusse lassen sich in sonnigen, der Dalmatiner Krokus (*C. tommasinianus*) auch in halbschattigen Lagen unterbringen. Das feine Laub stört nie und nach dem Verblühen sind die Pflanzen in der Staudenfläche nicht mehr wiederzufinden. Krokusse gedeihen auch in lockeren Rasenflächen. Es ist aber besser, sie hier an den Rand zu pflanzen und darauf zu warten, dass sie in den Rasen einwandern. Besonders ausdauernd in Rasen- und Wiesenflächen ist der Frühlings-Krokus (*C. vernus*). Gemäht werden mit Krokussen durchsetzte Grünflächen erst, wenn das Laub zu welken beginnt.

Obwohl im Fachhandel eine ganze Reihe frühlingsblühender Krokusse angeboten werden, ist es für Laien ratsam, sich an die nachfolgend vorgestellten vier Arten zu halten. Denn leider ähneln sich viele Krokus-Arten untereinander, sodass man aus Unkenntnis schnell mal schwieriger zu kultivierende Vertreter verwendet. Gerade die mediterran verbreiteten Krokusse verhalten sich nicht immer so, wie man es von den gartentauglichen Auslesen erwarten kann.

Auch die Selbstaussaat und damit die Fähigkeit zur Besiedlung großer Flä-

Die Blüten der Krokusse öffnen ich etwa am späten Vormittag und beginnen sich nachmittags gegen 16.00 Uhr bereits wieder zu schließen. Die meisten Krokusse sind für Wühlmäuse Leckerbissen, nur der Dalmatiner Krokus (*C. tommasinianus*) wird weniger häufig gefressen.

chen ist nur bei einigen der genannten Arten in Mitteleuropa zuverlässig zu beobachten.

→ Der **Kleine Krokus** (*C. chrysanthus*), der nur zwischen 5 und 10 cm hoch wird, ist in Südost-Europa, Klein- und Vorderasien verbreitet. In Kultur hat die zarte Frühlingsblume eine Fülle von Sorten hervorgebracht, die Farbtöne von weiß über gelb bis hin zu violett in die Pflanzung bringen. *C. chrysanthus* versamt sich nicht, vermehrt sich aber durch Brutzwiebeln, so dass sich die Zahl der gesetzten Zwiebelknollen schnell vervielfachen kann. So entstehen dichte Horste, die Sie von Zeit zu Zeit teilen sollten. Folgende Sorten werden häufig angeboten und haben sich bewährt: 'Ard Schenk' (weiß), 'Blue Pearl' (wasserblau, innen weiß mit gelber Mitte), 'Cream Beauty' (cremegelb), 'Dorothy' (hellgelb mit bronzefarbenen Streifen, innen dunkler), 'E. P. Bowles' (zitronengelb, außen purpurn geflammt) und 'Zwanenburg Bronze' (goldgelb, außen bronzefarben gefiedert). Weitere Sorten sind im Handel und regen zum Experimentieren mit Farben an.

Mit dem großen Frühlings-Krokus lassen sich alle Übergänge zwischen weiß und blauviolett herstellen. Wer zusätzlich eine zur Versamung neigende Sorte von *Crocus vernus* verwendet, erhält von Jahr zu Jahr wechselnde Gartenbilder.

Der Dalmatiner Krokus bedeckt mit seinen zauberhaften Blüten bald große Flächen.

→ Der **Gold-Krokus** (*C. flavus*) bringt den intensivsten Gelbton in die Frühlingspflanzung. Der aus Südost-Europa und Kleinasien stammende Krokus ist mehrblütig, was die Horste besonders dicht erscheinen lässt. *C. flavus* gilt als einer der robustesten Krokusse überhaupt. Die Zwiebelknollen im Handel bringen allerdings sterile Blüten hervor, so dass sich der Gold-Krokus zwar über Brutzwiebeln vermehrt, sich aber nicht versamt.

→ Der **Dalmatiner Krokus** (*C. tommasinianus*) wird im Volksmund auch Elfen-Krokus genannt. Er samt sich am schnellsten aus und ist dabei noch äußerst robust. So kann diese Art schnell große Flächen besiedeln. Ameisen unterstützen die willkommene Verbreitung, indem sie die Samen aufgrund ihres nährstoffreichen Anhängsels (Elaiosom) verschleppen. Großblumig, aber steril und deswegen weniger ausbreitungsfreudig ist 'Ruby Giant' mit intensiv violett-purpurfarbenen Blüten.

→ Der **Frühlings-Krokus** (*C. vernus*) ist die weiße oder violette Stammform vom bekannten, großen Garten-Krokus.

Die meisten Sorten vom Frühlings-Krokus bilden ausschließlich Brutzwiebeln. Nur bei den Sorten 'Vanguard' und 'Haarlem Gem' ist mit Selbstaussaat zu rechnen. Die auf Bergwiesen verbreitete Wildform samt sich zuverlässiger aus. Weitere oft im Handel zu findende, großblumige Sorten sind 'Jeanne d'Arc' (weiß), 'Pickwick' (weiß mit violetter Zeichnung, siehe Foto Seite 34f.) und 'Remembrance' (dunkelblau-violett).

Schneeglöckchen

Ganz früh im Jahr sprießen die Schneeglöckchen (*Galanthus*) aus dem Boden. Je nach Witterung und Art blühen die Ersten schon im Herbst oder früh im Januar. Das macht die Schneeglöckchen zu einer für Gärten und Parks wichtigen und beliebten Gattung.

→ Das **Kleine Schneeglöckchen** (*Galanthus nivalis*) ist am pflegeleichtesten. Die eingebürgerte Art akzeptiert viele Pflanzplätze und bildet durch Brutzwiebeln dichte Horste. Das Teilen der Horste, das Sie kurz nach der Blüte vornehmen sollten, verlängert die Lebensdauer und erleichtert die Verbreitung im Garten. Auch das Verpflanzen mitten während der Blüte schadet der Pflanze wenig. Die gefüllte Sorte 'Plenum' ist lange nicht so ausbreitungswillig. Die Auslese 'Sam Arnold' zeichnet sich durch längere Stängel und Blätter sowie durch größere Blüten aus. Schneeglöckchen werden – nach dem gleichen Prinzip wie schon beim Krokus geschildert – im Garten besonders durch Ameisen verbreitet.

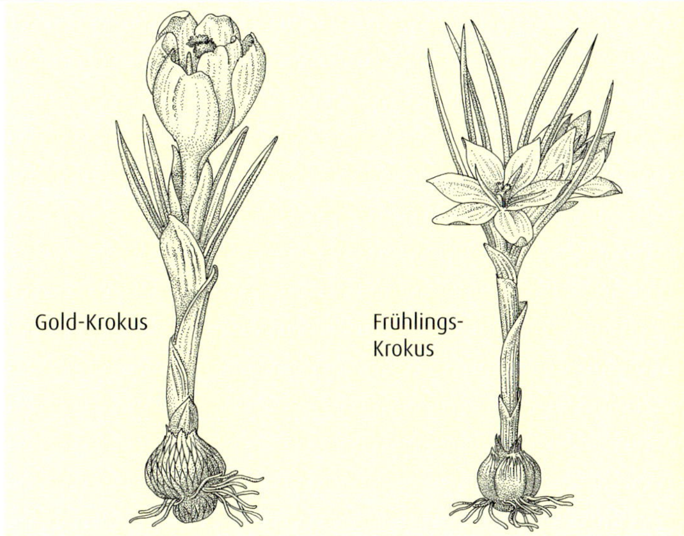

→ Das **Großblumige Schneeglöckchen** (*G. elwesii*) besitzt zwar eine auffälligere Einzelblüte als *Galanthus nivalis*, bildet aber nur selten Nebenzwiebeln, so dass die Pflanzen gruppenweise gepflanzt werden sollten, um starke Effekte zu erzielen. Die Pflanzen unterscheiden sich durch breitere Blätter und einen zweiten grünen Fleck auf dem Röckchen von der kleinblütigen Verwandten. Sie vertragen mehr Sonne als *G. nivalis*.

→ Das **Kaukasische Schneeglöckchen** (*G. woronowii*), eine aus der Nordosttürkei und aus Georgien stammende Art, findet man immer häufiger im Handel. Es hat saftiggrüne Blätter und eine etwas schlankere Blütenkrone. Dieses Schneeglöckchen meidet trockenen Boden und bevorzugt einen frischen, lehmigen Standort. Unter diesen Bedingungen kann es sich auch versamen. Von den drei genannten Arten ist es die empfindlichste. Für eine zuverlässige Ausbreitung eignet sich in Mitteleuropa nur

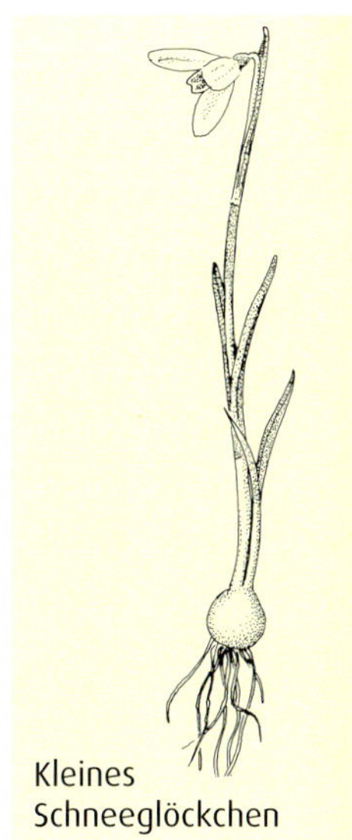

Galanthus nivalis. Wegen des Kulturerfolges und auch aus Gründen des Artenschutzes sollten Sie gerade bei Schneeglöckchen auf die Herkunft achten: Viele Zwiebeln werden nach wie vor direkt aus Naturbeständen entnommen (siehe Seite 12ff.).

Märzenbecher wachsen nur dort zuverlässig, wo Boden und Klima ausreichend feucht sind. Wenn die ersten Versuche nicht funktionieren, lieber mehr Schneeglöckchen pflanzen!

Märzenbecher

Der Märzenbecher oder die Frühlings-Knotenblume (*Leucojum vernum*) ist in Mittel- und Osteuropa heimisch. Dort wächst die Pflanze auf frischem Boden in Auwäldern oder in feuchten Wiesen. Deshalb verlangen Märzenbecher auch im Garten einen Standort mit ausreichender Feuchtigkeit. Für sandige Böden eignet sich die Pflanze nur in niederschlagsreichen, atlantisch beeinflussten Regionen, etwa Ostfriesland.

Fühlt sich die Pflanze wohl, samt sie sich aus. Die Samen werden auch hier durch Ameisen verbreitet.

Märzenbecher stehen in dem Ruf, sich schwierig im Garten ansiedeln zu lassen. Das hängt damit zusammen, dass die Zwiebeln nur kurze Lagerzeiten verkraften. Für ein erfolgreiches Gedeihen in Ihrem Garten sollten Sie sie direkt zu Beginn der Pflanzzeit erwerben und unmittelbar danach einpflanzen. Ansonsten läuft man Gefahr, dass sich aus den bereits geschädigten Zwiebeln geschwächte Pflanzen entwickeln, die sich nicht im Garten etablieren können.

Die größere Schwester, die **Sommer-Knotenblume** (*Leucojum aestivalis*) blüht später und ist eigentlich eine Pflanze der Sumpfgebiete. Sie wächst in Osteuropa, der Türkei und in Georgien in und am Rand von Wassergräben und Seeufern. Gehandelt werden die züchterisch unbearbeiteten Zwiebeln der Art, die zum Teil leider immer noch aus Naturentnahmen stammen, sowie die robuste, großblumige Auslese 'Gravetey Giant'. Letztere ist gartentauglicher als die Stammform, da sie an hiesige Verhältnisse besser angepasst und toleranter hinsichtlich der Standortverhältnisse ist.

Während ein Großteil der Zwiebelpflanzen zur Familie der Liliengewächse gehört, sind Schneeglöckchen und Märzenbecher mit den Narzissen verwandt. Diese drei Gattungen rechnet man den Amaryllisgewächsen zu.

Das eingebürgerte Kleine Schneeglöckchen ist trotz seiner zarten Erscheinung robust.

Der Sibirische Blaustern 'Spring Beauty' ist größer als die Art, versamt sich aber nicht.

Zusammen mit den Schneeglöckchen blüht der blassblaue Frühe Blaustern (*Scilla mischtschenkoana*).

Blaustern, Schneeglanz & Co.

Die deutschen Bezeichnungen dieser Pflanzen treffen ihr Wesen ziemlich genau. Hinter den volkstümlichen Namen verbirgt sich eine ganze Gruppe ähnlicher Arten, die im Wesentlichen zu zwei Gattungen gehören: Die „echten" Blausterne oder Meerzwiebeln werden unter dem Gattungsnamen *Scilla* zusammengefasst, der so genannte Schneeglanz oder Schneestolz führt den botanichen Namen *Chionodoxa*. Die „Dritte im Bunde" ist die Kegelblume oder Puschkinie (*Puschkinia*), die den beiden anderen Arten ähnelt und ab Februar ihre blau-weißen Blüten beisteuert.

Die wichtigsten Arten sind:

→ Der **Sibirische Blaustern** (*Scilla siberica*) ist vielleicht die bekannteste Art der Gruppe. Im Unterschied zu den nahen Verwandten ist *S. siberica* reinblau. Dieser Blaustern versamt sich reichlich und bildet dichte Teppiche. Die Sämlinge sind schon nach zwei bis drei Jahren blühfähig, so dass der Farbeffekt sich schnell vervielfacht. Große Zwiebeln treiben bis zu drei Blütenschäfte. Die Sorte 'Spring Beauty' hat größere Blüten, ist aber steril und versamt sich deshalb nicht.

→ Der **Zweiblättrige Blaustern** (*Scilla bifolia*) hat ein sehr großes Verbreitungsgebiet und besitzt dadurch eine ganze Reihe unterschiedlicher Varietäten. Die auch in Mitteleuropa wachsende Art ist sehr zart und treibt nur wenige violettblaue, sternförmige Blüten. Die im Handel vertriebenen Blausterne zeigen größere Blüten, die zahlreich in einer dichten Ähre stehen. Bei zusagendem Standort versamt sich der Zweibblättrige Blaustern bereits im ersten Standjahr reichlich.

→ Der **Frühe Blaustern** (*Scilla mischtschenkoana*) ist das erste Blaustern im Jahr. In milden Lagen erscheinen die hellblauen Blüten bereits im Februar. Anfangs stehen die Blüten noch dicht am Boden zwischen den breiten, saftiggrünen Blättern. Das wirkt,

Wer im Garten mit vielen Wühlmäusen zu kämpfen hat, sollte lieber Amaryllisgewächse statt Liliengewächse (siehe S. 56) pflanzen. Das Gift in den Zwiebeln scheint den Nagern nicht zu bekommen.

als hätte jemand mit Geisterhand Blütenkelche verstreut. Später streckt sich der Stängel und die Pflanze ähnelt dann der später blühenden Kegelblume (*Puschkinia*), versamt sich aber deutlich weniger. Bester Ausgangspunkt zur Ausbreitung ist ein Standplatz im unmittelbaren Wurzelanlauf von Bäumen und Sträuchern.

→ Der **Gewöhnliche Schneeglanz** (*Chionodoxa forbesii*) bildet durch massenhaft Sämlinge schon innerhalb weniger Jahre dichte Flächen, besonders in lückigen Rasenflächen, aber auch in Staudenbeeten und unter Sträuchern. Die Verbreitung geht überall dort besonders schnell, wo Ameisen vorhanden sind. Diese tragen die Samen durch den Garten zu ihren Nestern, wo die Anhängsel als Nahrung dienen. Da die Sämlinge bereits im zweiten Jahr blühfähig sind, lassen sich besonders rasch eindrucksvolle Effekte erzielen. Die kräftig-violettblauen Blüten mit weißer Mitte recken sich schon kurz nach dem Erblühen gen Himmel. Damit unterscheidet sich die Pflanze deutlich von den Blausternen, die nickend blühen, also mit hängenden, blauen Glöckchen. Der Schneeglanz kommt bereits Ende Februar/Anfang März zur Blüte und liegt damit deutlich vor dem Sibirischen Blaustern (*Scilla siberica*), der erst ab Mitte März blüht. Ein besonderes Farbenspiel bietet sich Ihnen, wenn Sie beide Arten nebeneinander pflanzen. Dann ist etwa ab Mitte März ein Farbumschlag von violettblau nach reinblau zu beobachten.

→ Der **Großblütige Schneeglanz** (*Chionodoxa-luciliae*-Gigantea-Grp.) ist dem Gewöhnlichen Schneeglanz sehr ähnlich, mit dem Unterschied, dass die Blüten deutlich größer sind und sich die Art weniger flächig ausbreitet. Meistens zeigen sich um die Horste aber ebenfalls Sämlinge.

Die rosablütige Schneeglanz-Sorte 'Pink Giant'.

Das filigrane, violett-blaue Atlantische Hasenglöckchen.

→ Die **Libanon-Puschkinie** (*Puschkinia scilloides* var. *libanotica*) blüht hellblau mit einem dunkleren Mittelstrich wie der ähnliche Frühe Blaustern (*Scilla mischtschenkoana*). Lediglich die Sorte 'Alba' ist reinweiß. Die Einzelblüten, von denen bis zu 20 zu einem traubigen Blütenstand zusammenstehen, sind aber kleiner und erscheinen später. Die 15 cm hohe Pflanze lässt sich gut mit Schneeglanz (*C. forbesii*) kombinieren, da beide Pflanzen gleichzeitig blühen und einen ähnlichen Ausbreitungsdrang besitzen. Die Puschkinie passt außerdem zu Märzenbechern, Narzissen und Christrosen.

→ Das **Atlantische Hasenglöckchen** (*Hyacinthoides non-scripta*) und das **Spanische Hasenglöckchen** (*H. hispanica*) ähneln sich einander, weichen aber optisch stark von den zuvor genannten Arten ab. Sie sind deutlich kräftiger und bilden dank zahlreicher Brutzwiebeln dichte Horste. Das Atlantische Hasenglöckchen ist eine in Westeuropa heimische Art, seine im Handel befindlichen Zwiebeln haben sich aber durch Kreuzung und Auslese bereits von der Wildform entfernt. Es gibt auch Kreuzungen zwischen beiden Arten. Die angebotenen Zwiebeln treiben hellblau-violette, seltener auch rosa oder weiß gefärbte Blütenglocken, die an bis zu 30 cm langen Stängeln hängen. Das heimische Hasenglöckchen versamt sich reichlich und treibt zusätzlich Ausläufer. Die Pflanze blüht im April/Mai. Beim Spanischen Hasenglöckchen sind sowohl die Zwiebeln als auch die Pflanzen größer. Die Blüte erscheint etwas später zwischen Mai und Juni. Beide Arten sind robuste und langlebige Gartenpflanzen, die durchaus konkurrenzstark sind und von Wühlmäusen gemieden werden. Die Horste kann man leicht teilen. Die Pflanzen lassen sich gut auch mit kräftigeren Stauden kombinieren. Dabei sollten Sie nur Stauden auswählen, die im Mai noch nicht die Hasenglöckchen-Blüte verdecken.

Traubenhyazinthen

Während die zuvor genannten Arten eher schattige oder wenn sonnige, dann zumindest frische Plätze im Garten bevorzugen, wollen die meisten Traubenhyazinthen (*Muscari*) einen trockenen Platz an der Sonne. Die heimischen Arten zum Beispiel sind allesamt Bewohner besonnter Halbtrocken- und Trockenrasen. Die Empfindlichkeit gegenüber Schatten zeigte sich an der Kleinen Traubenhyazinthe (*M. botryoides*) während eines Aufpflanzversuches: In zwei Parzellen standen die Traubenhyazinthen unter spät blühenden Astern. In einem Beet wurden die Stauden nach der Blüte zurückgeschnitten. Während die Frühjahrsblüher in dem Beet mit den zurückgeschnittenen Astern ganz normal zur Blüte kamen, trieben die Traubenhyazinthen in der nicht geschnittenen Fläche im Folgejahr nur Blätter. Offensichtlich fehlt den Pflanzen durch die Beschattung die notwendige Kraft, Nährstoffe für die Blü-

tenbildung zu sammeln. Lichter Schatten wird aber von den meisten Arten toleriert.
Traubenhyazinthen sollte man möglichst früh im Herbst pflanzen, da die dünnen Häute die Zwiebeln nur schlecht gegen äußere Einflüsse schützen können. Gute Partner für *Muscari*-Arten sind Astilben (z.B. *Astilbe* × *arendsii*, *A chinensis*), aber auch viele andere robuste Stauden.

Intensiv blaue Blüten der Armenischen Traubenhyazinthe.

Himmelblaue Blütentrauben von *Muscari azureum*.

Sieben der 30 bis 40 vorkommenden Arten sind wichtige pflegeleichte Zierpflanzen für den Garten.

→ Die **Armenische Traubenhyazinthe** (*M. armeniacum*) ist äußerst wuchsfreudig und stellt keine Ansprüche an den Standort. Sobald sie sich einmal im Garten angesiedelt hat, verbreitet sie sich schnell durch Aussaat und rege Brutzwiebelproduktion. Dabei bildet sie dichte Horste und erscheint an immer neuen Wuchsorten. Die Blätter entwickeln sich bereits im Herbst und zwar so dicht, dass sie schwächere Pflanzenpartner verdrängen können. Das Laub wird im Laufe der Zeit an den Spitzen gelb oder braun und wirkt dann ungepflegt. Zur Blütezeit im April/Mai entschädigt die Pflanze dann aber durch Blütenreichtum, kräftige Blautöne und zarten Duft. *Muscari armeniacum* eignet sich besonders für naturnahe Pflanzungen in Verbindung mit kräftigen Partnern, zum Beispiel einziehenden Prachtstauden wie Stauden-Lupine (*Lupinus*-Hybriden), Pfingstrose (*Paeonia officinalis*) und Orientalischem Mohn (*Papaver orientale*) oder anderen Zwiebelgewächsen wie Hyazinthen, Narzissen oder Tulpen. In Bauerngärten wird sie gerne als Wegeinfassung gepflanzt. Auch ein Platz auf Mauerkronen nimmt sie gerne an, da sie extrem trockenheitsverträglich ist.

→ **Tubergens Traubenhyanzinthe** (*M. aucheri*, Syn. *M. tubergenianum*) stammt aus der Türkei, ist der zuvor genannten Art recht ähnlich und kann ebenso verwendet werden. Allerdings bildet sie geringere Mengen von Brutzwiebeln, so dass auch die Horste weniger dicht sind. Die Blüten erscheinen ab Mitte Mai und sind in der oberen Hälfte hell-, in der unteren Hälfte dunkelblau gefärbt. Damit unterscheidet sich die Art deutlich von ihren Verwandten.

→ Die **Azurblaue Traubenhyazinthe** (*M. azureum*) bleibt wesentlich kleiner und eignet sich damit bestens für das Alpinum in Verbindung mit flachen Stauden wie Hungerblümchen (*Draba*) und Silberwurz (*Dryas*), aber auch mit anderen klein bleibenden Zwiebelpflanzen wie Kleiner Netzblatt-Iris (*Iris reticulata*), Kaufmanns Tulpe (*Tulipa kaufmanniana*) und kleinen Narzissen. Es ist auch eine weiße Auslese, *M. azureum* 'Album', im Handel.

→ Die **Kleine Traubenhyazinthe** (*M. botryoides*) ist sehr robust und dauerhaft, ohne die Verdrängungskraft der „armenischen Verwandten" zu besitzen. Die Blätter treiben gemeinsam mit den Blüten im Frühjahr aus und sind dadurch weniger störend als bei *M. armeniacum*. Die heimische Art bildet deutlich weniger Brutzwiebeln und Sämlinge, so dass die Pflanzen direkt in kleinen Gruppen gepflanzt werden sollten. Die Blüten sind himmelblau mit weißem Rand oder weiß ('Album'). Die in Griechenland beheimatete Varietät (*M. botryoides* var. *heldreichii*) blüht bereits im März.

→ Die **Schopfige Traubenhyazinthe** (*M. comosum*) wächst in Mitteleuropa auf mageren, flachgründigen Wiesen. Im Mittelmeerraum ist sie weit verbreitet. Die robuste Pflanze wird bereits seit dem Altertum in Gärten kultiviert und ist wegen ihres exotischen Aussehens etwas schwierig zu kombinieren. Das gilt besonders für die häufig gehandelte „Federhyazinthe" (*M. comosum* 'Plumosum'). Die seltener angebotene Wildart eignet sich für naturnahe Pflanzungen im warmen Saumbereich.

→ Die **Breitblättrige Traubenhyazinthe** (*Muscari latifolium*) wächst in der Südwesttürkei in lichten Kiefernwäldern, verträgt also durchaus etwas Schatten. Die Pflanze samt sich stark aus, wird aber durch Kaninchen regelmäßig dezimiert. Besonders apart wirken ihre fruchtbaren schwarzblauen Blüten.

→ Die **Weinbergs-Traubenhyazinthe** (*M. neglectum*) bildet weniger Brutzwiebeln und steht daher – ebenso wie die Kleine Traubenhyazinthe – nicht in so dichten Horsten wie die Armenische Traubenhyazinthe. Sie vermehrt sich aber rege über Sämlinge. Wie *M. armeniacum* treibt sie ihre Blätter bereits im Herbst. Die im März/April erscheinenden Blüten duften zart nach Pflaume. Der Flor hält über drei Wochen an, da immer wieder neue Stängel erscheinen. Wer die blaue Farbe auch noch mit

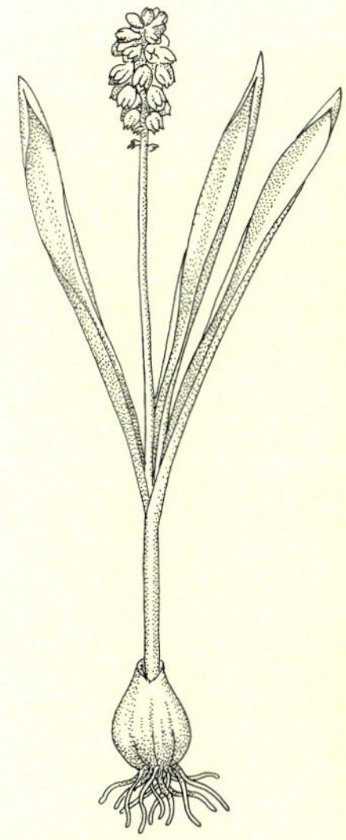

Kleine Traubenhyazinthe

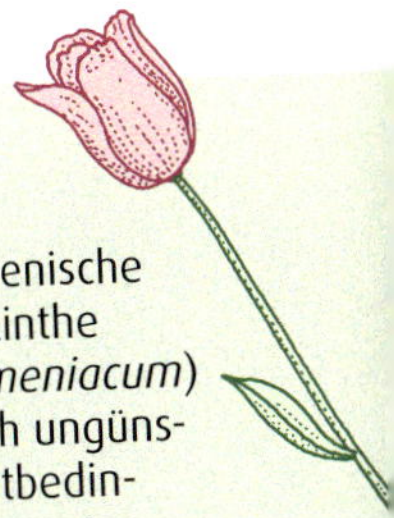

Die Armenische Traubenhyazinthe (*Muscari armeniacum*) toleriert auch ungünstige Standortbedingungen. Wer zarte Raritäten kultivieren möchte, sollte sich diese aggressiv ausbreitende Pflanze nicht in den Garten holen.

Weiß kombinieren will, kann auf die Sorte 'White Beauty' zurückgreifen.

Fritillarien

Zwei Vertreter der Gattung *Fritillaria* wurden bereits unter den „Großen" auf den Seiten 50f. vorgestellt. Die Gattung umfasst aber 120 bis 140 Arten, von denen ein Großteil eher wie Kleinblumenzwiebeln behandelt wird. Die meisten sind dabei empfindliche Vertreter, die sich nur für Gärtner eignen, die ihren Pflanzen mit entsprechendem Know-how viel Aufmerksamkeit schenken. Zu den gartenwilligsten Arten der Gattung zählen *F. acmopetala* (grünlich mit purpurnen Spitzen), *F. camtschatcensis* (dunkelbraun, fast schwarz, stark riechend), *F. pallidiflora* (blassgelb bis strohgelb) und *F. pontica* (grünlich, hellbraune Spitzen). Besondere Beachtung verdient die heimische Schachbrettblume (*Fritillaria meleagris*), die in manchen Regionen auch als „Kibitzei" bekannt ist. Das aparte Liliengewächs trägt große, nickende Blüten an einem zarten Stängel (siehe Foto Seite 27). Die Blüten erscheinen April/Mai und sind rotviolett oder cremeweiß mit einem schachbrettartigen Muster überzogen, was ihr zu ihrem deutschen Namen verholfen hat. Die Schachbrettblume ist in feuchten Wiesen zuhause und findet deshalb auch im Garten einen optimalen Platz in Teichnähe oder anderen wechselfeuchten Lagen. Man kann ihr diese Standortbedingungen schaffen, indem man zum Beispiel Senken anlegt, die periodisch vom Regenwasser aus der Dachentwässerung geflutet werden. Im nährstoffarmen Milieu, im frischen bis feuchtem Halbschatten zusammen mit konkurrenzschwachen Partnern kann diese zarte Pflanze dann lange Jahre den Garten schmücken.
Die Schachbrettblume lässt sich leicht über Samen vermehren.

Zwiebel-Iris

Schwertlilien (*Iris*) gehören zu den bekanntesten Gartenpflanzen. Es sind prächtige Stauden mit schwertförmigen Blättern, die einem fleischigen, auf der Bodenoberfläche liegendem Wurzelstock (Rhizom) entspringen. Diese hochwüchsigen Vertreter der Gattung *Iris* werden wir im Rahmen dieses Buches allerdings nicht behandeln. Passend zum Thema „Zwiebelblumen" stellen wir hier die niedrig bleibenden Verwandten vor, die Zwerg-Iris mit zwiebelartigen Über-

Die Kleine Netzblatt-Iris, ideal für Steingärten.

dauerungsorganen. Es sind zierliche Gewächse mit nadelartigen Blättern, großen Blüten und früher Blütezeit. Die grazilen, verschiedenfarbigen Blüten stehen meist nicht weiter als 10 bis 20 cm über der Bodenoberfläche. Am zuverlässigsten gedeihen die Kleine Netzblatt-Iris (*I. reticulata* 'Harmony') und *I. histrioides* 'George'. Beide enthalten Erbmaterial der robusten Art *I. histrioides.* Die Kleine Netzblatt-Iris breitet sich auf durchlässigen Böden durch Aussaat und Brutzwiebeln aus. Die Blüten verströmen einen zarten, an Veilchen erinnernden Duft. Auch von der gelben *I. danfordiae* sind robuste Vertreter im Handel. Warme, milde und geschützte Lagen, etwa im Steingarten vor einem Wärme speichernden und Wind brechenden Stein, sagen allen Zwerg-Iris zu. Die gelbe Geweih-Iris (*I. bucharica*) samt sich zwar selten aus, vermehrt sich aber besonders auf trockenen Sandböden durch Brutzwiebeln beziehungsweise kurze Ausläufer. Sie blüht langjährig zuverlässig, scheint allerdings bisweilen auch den Wühlmäusen zu schmecken. Bemerkenswert ist der Austrieb der dicht ineinander verschachtelten, später glänzendgrünen Blätter. Die gelb-weißen Blüten erscheinen im März / April, wobei die Einzelblüte leider schnell wieder vergeht.

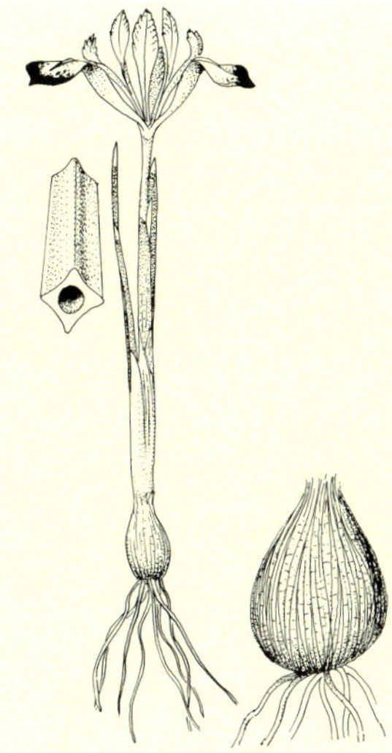
Kleine Netzblatt-Iris

Es gibt eine ganze Reihe weiterer niedrig wachsender *Iris*-Arten, die aber für den Garten nur eine untergeordnete Rolle spielen, da sie entweder empfindlich sind oder selten gehandelt werden.

Geweih-Iris mit zweifarbigem Blütenschmuck.

Kleine Zierlauch-Arten

Keine der hier vorgestellten Pflanzengruppen ist so vielgestaltig wie die Gattung *Allium*, zu der neben Küchenzwiebel, Knoblauch, Lauch und Schnittlauch auch eine Reihe von „Zwiebelblumen" gehören. Diese unterscheiden sich grundlegend in Aussehen und Verwendung. Einerseits sind es filigrane Zwerge wie der Enzian-Lauch (*Allium cyaneum*) oder Schattenbewohner wie der Bär-Lauch (*Allium ursinum*). Anderseits sind es wahre Riesen, etwa der bei den großen Zierlauch-Arten (siehe Seite 49f.) genannte Riesen-Lauch (*Allium giganteum*, 150 cm hoch) oder *A. jesdianum* (100 cm hoch).

Viele Lauch-Arten werden wie Stauden im Topf vermarktet, sind also in der Staudenliteratur beschrieben. Hier widmen wir uns in erster Linie den Arten, die vornehmlich in Form von Zwiebeln gehandelt werden. Die meisten *Allium*-Arten sind Sommerblüher.

Zierlauch-Arten für naturnahe Pflanzungen in vollsonniger Lage

→ Der **Schöne Lauch** (*A. carinatum* subsp. *pulchellum*) und der **Nickende Lauch** (*A. cernuum*) ähneln sich in der Verwendung.

Beide Arten vertragen große Trockenheit und gedeihen zuverlässig auf sandigen Böden. Während der Nickende Lauch früher im Sommer etwa zusammen mit Lavendel blüht, folgt der Schöne Lauch im Spätsommer. Beide Arten versamen sich selbstständig oder sind leicht aus Samen zu ziehen. Die Sämlinge blühen bereits nach zwei Jahren. Vom Schönen Lauch gibt es eine weißblühende Sorte (*A. carinatum* subsp. *pulchellum* 'Alba').

→ **Sternkugel-Lauch** (*A. christophii*) passt sehr gut zwischen Stauden in die sonnige Freifläche, wo sich selbst auf Lehmboden Sämlinge zu blühenden Pflanzen entwickeln können. Der kugelförmige Blütenstand mit seinen bis zu 80 Einzelblüten zieht ab Juni

Der Name ist Programm: der Schöne Lauch mit dem aparten, zartvioletten Blütenstand.

alle Blicke auf sich. Der auffällige Samenstand ist ein dekorativer Winterschmuck im Beet und wird auch gern in der Floristik verwendet.

→ Der **Gelbe Lauch** (*A. flavum*) ähnelt dem Schönen Lauch sowohl in der Wuchsform als auch in der Verwendung. Er lässt sich gut mit weißen oder gelben Blütenfarben trockenheitsverträglicher Stauden kombinieren (zum Beispiel *Anaphalis triplinervis*, *Hypericum polyphyllum*, *Linum flavum*) und samt sich ebenfalls gerne aus.

→ **Gold-Lauch** (*A. moly*) hat von den gelb blühenden Arten die größte Farbwirkung. Die im Gegensatz zu vielen verwandten Arten nicht kugelige, sondern tellerförmige Dolde besteht aus bis zu 40 Einzelblüten, die ab Mai erblühen. Die mediterrane Pflanze liebt sonnige, offene Böden,

Die attraktiven Blütenkugeln des Sternkugel-Lauchs wirken in Beet und Vase interessant.

Die goldgelbe Blüte des Gold-Lauchs leuchtet besonders am halbschattigen Standort.

gedeiht aber auf Sandboden weniger gut. Halbschattige Standorte werden toleriert. An zusagenden Stellen versamt sich der Gold-Lauch reichlich. Die Sorte 'Jeannine' treibt größere Blüten, zuweilen zwei Blütenstängel pro Zwiebel und verströmt einen angenehmen Duft.

→ **Rosen-Lauch** (*A. roseum*) blüht ab Juni in einem lockeren Blütenstand mit rosaroten Einzelblüten. Die aus Südeuropa stammende Pflanze ist robust und eignet sich für naturnahe Pflanzungen, in denen sie sich gerne durch Sämlinge verbreitet.

→ **Knoblauch** (*A. sativum*) lässt sich auch als Zierpflanze einsetzen – weniger der Farbe wegen, als vielmehr wegen seiner aparten Formen. Kurz vor der Blüte verdrehen die Blütenstängel sich schraubenförmig, um sich mit dem Öffnen der schützenden Hülle um den Blütenstand wieder aufzurichten. Meistens bildet der Knoblauch keine Blüten aus. Stattdessen zeigen sich nach Öffnen des Hüllblatts kugelförmig angeordnete Brutzwiebeln, aus denen jeweils wieder eine neue Pflanze hervorgehen kann. Knoblauch ist anspruchslos und wächst auch auf Sandboden noch zuverlässig. Sobald die Brutzwiebeln den Boden berühren, beginnen sie, Wurzeln und einen Trieb zu bilden – und das sogar ohne Bodenfeuchtigkeit! Wenn das Laub einzieht, können die „Zwiebeln" geerntet werden. Eigentlich besteht jede „Zwiebel" aus einer Reihe um die Hauptachse angeordneter Nebenzwiebeln, die im Volksmund als „Zehen" bezeichnet werden. Für die Vermehrung ist es besser, die dicksten Zehen zu verwenden, da sich aus ihnen blühfähige

Pflanzen entwickeln. Knoblauch eignet sich als Zwischenpflanzung in naturnahen Staudenbeeten, aber auch zwischen Rosen. Die Pflanze soll Schadpilze und Läuse von anderen Nutz- und Zierpflanzen fernhalten.

> Die kleinen *Allium*-Arten lassen sich leicht und schnell durch Samen oder Brutzwiebelnvermehren. Aus wenigen Zwiebeln entwickelt sich schnell eine große Anzahl von Pflanzen.

→ **Weinbergs-Lauch** (*A. vineale*) ähnelt dem Knoblauch, ist aber weniger zierend und zeigt einen starken Ausbreitungsdrang.

→ **Kugel-Lauch** (*A. sphaerocephalon*, siehe Foto Seite 32) wird sowohl in Töpfen als auch in Form von Zwiebeln angeboten. Die heimische Art gehört in sonnige, durchlässige und nährstoffarme Beete neben andere Pflanzen des Trocken- oder Halbtrockenrasens. Die runden, spitz zulaufenden Blütenstände besitzen einen interessanten Farbverlauf: während sie in Nähe des Blütenbodens grünlich aussehen, verfärben sie sich in Richtung Blütenspitze ins Rotviolette oder Purpurkarminfarbene. Sie erscheinen im Juni/Juli und wirken besonders in großer Anzahl dekorativ. Durch Selbstaussaat und Brutzwiebeln entstehen kleine Horste. Auch als Schnittblume in der Vase entfalten sie eine besondere Wirkung.

Zierlauch-Arten für Beetpflanzungen in vollsonniger Lage

→ **Blauzungen-Lauch** (*A. karataviense*) hat zwei breite, blaugrüne Blätter, zwischen denen sich im Mai ein kugelrunder Blütenstand entfaltet. Dieser ist auch nach der Blüte noch lange zierend. Die Pflanze mag einen sonnigen Standort mit gutem Wasserabzug. Die in der Türkei beheimatete Art samt sich auf günstigen Standorten aus. Einen weiß-grünlichen Ton erhält man durch die Sorte 'Ivory Queen'. Eine ähnliche Art ist der etwas kleinere und zwischen Juni und Juli karminrot blühende Rosen-Zwerg-Lauch (*A. oreophilum*). Weitere Arten für Beetbepflanzungen sind die bereits beschriebenen hochwüchsigen Lauch-Arten *A. giganteum und A. jesdianum* (siehe Seite 49f.).

Zierlauch-Arten für halbschattige bis schattige und frische Lagen

→ **Schwarzpurpurner Lauch** (*A. atropurpureum*) zieht halbschattige Standorte vor, verträgt aber bei ausreichender Bodenfeuchtigkeit auch die volle Sonne. Dieser Lauch ist eine aparte Besonderheit: die weinroten oder dunkelvioletten Blüten öffnen sich im Juni und stehen zu einer halbkugelförmigen Dolde zusammen. Die Pflanze wirkt am besten zwischen großblättrigen Stauden, zum Beispiel am Teichrand zusammen mit Gezähntem Kreuzkraut (*Ligularia dentata*) oder Blaublatt-Funkie (*Hosta sieboldiana*).

→ **Bär-Lauch** (*A. ursinum*, siehe Foto Seite 31) fühlt sich an ausreichend frischen und von der Sonne abgewandten Standorten wohl. Unter Bäumen und Sträuchern bildet die Pflanze dichte Decken aus saftiggrünen Blättern, die Anfang März auszutreiben beginnen. Ende April folgen die weißen Blüten. Spätestens dann erfüllt ein intensiver Lauchgeruch die Umgebung. Bereits im Juni sind die Blätter nicht mehr zu sehen. Während ihrer kurzen Anwesenheit ist die Pflanze ziemlich raumgreifend und verlangt nach starken oder spät austreibenden Partnern. Bär-Lauch vermehrt sich stark durch Aussaat. Er ist nicht nur sehr zierend, sondern bereichert dazu im Frühling den Speisezettel. Mittlerweile werden Blätter des Bär-Lauchs im Frühling wieder rege als Delikatesse gehandelt.

→ **Seltsamer Lauch** (*A. paradoxum*) ist zwar ein weniger attraktive, aber mindestens ebenso platzbedürftige, 25 bis 30 cm hohe Lauch-Art, die sich durch Brutzwiebeln und Aussaat auf schattigen Flächen stark ausbreitet. Attraktiver ist die weiß blühende, aus dem Libanon stammende Art *A. zebdanense*, die leider selten im Handel zu bekommen ist.

Weitere Kleinblumenzwiebeln

Frühlingsblühende Kleinblumenzwiebeln

Neben den zuvor genannten Arten gibt es diejeniegen, die meist weniger gehandelt werden und deshalb auch weniger bekannt sind. Dazu gehört beispielsweise der Milchstern (*Ornithogalum*), von dem zwei Arten in Mitteleuropa eingebürgert sind: **Dolden-Milchstern** (*O. umbellatum*) und **Nickender Milchstern** (*O. nutans*) sind robuste Zwiebelgewächse, die nach ihrer erfolgreichen Ansiedlung den Garten kaum mehr verlassen. Das gilt besonders für den kleineren Dolden-Milchstern, der auch „Stern von Bethlehem" genannt wird. Nachteilig sind seine meist hässlichen Blätter, die besonders auf trockenen Böden häufig von Rost befallen werden. Außerdem verwildert die Pflanze sehr stark, ohne dass Blüten gebildet werden – dann kann sie auch lästig werden. Generell blüht die Pflanze nur an sonnigen Tagen; die Blüten öffnen sich dann zwischen 10 und 15 Uhr. Der Nickende Milchstern wird etwas höher, blüht etwa zwei Wochen vor *O. umbellatum* und verwildert an zusagenden Stellen gerne. Nach der Blüte beginnt im April / Mai die Ruhezeit. Eine weitere, weniger bekannte, jedoch nicht minder reizvolle Art ist der

Der Dolden-Milchstern zeigt nicht immer seine zierlichen weißen Blütensterne.

Europäische Hundszahn (*Erythronium dens-canis*), auch Forellenlilie genannt. Der Hundszahn ist sehr reizvoll anzuschauen, aber auch etwas empfindlich. Die rosafarbenen Blüten stehen auf zarten Stängeln über dem apart marmorierten Laub. Bevorzugte Standorte in der Natur (z.B. in Rumänien) sind lichte Laubwälder mit lehmigen Böden. Auslesen sind 'Cremeweiß' (weiß), 'Lilac Wonder' (violett) und 'Rose Queen' (rosa).

Weitere schöne Vertreter der Gattung sind der **Rosa Hundszahn** (*E. revolutum*) sowie der **Stern-Hundszahn** (*E. tuolumnense*). Diese aus Nordamerika stammenden Arten brauchen ebenfalls etwas mehr Aufmerksamkeit. Die Sorte 'Pagoda', eine Kreuzung von *E. tuolumnense* und *E. revolutum,* ist der robusteste Vertreter.

Zart und etwas empfindlich: der Europäische Hundszahn.

Alle drei Hundszahn-Arten mögen kühle Lagen mit sommertrockenen, humosen Böden.

Heimisch ist der **Gelbstern** (*Gagea lutea*), der bisher praktisch nicht im Handel erhältlich ist.

Ein echter Geheimtipp: die **Prärielilie** (*Camassia*), die in ihrer Heimat Nord- und Südamerika feuchte Wiesen besiedelt. Sie erobert bisher nur zögerlich unsere Gärten, obwohl sie auch in unseren Breiten als recht pflegeleicht und robust gilt, sofern man ihr in strengeren Wintern einen Winterschutz gewährt. Diese hoch aufstrebenden, filigranen Pflanzen besitzen rundliche Kleinzwiebeln mit braunen oder schwarzen Schalen und eine locker aufgebauten, endständigen Blütenstand in Cremeweiß- bis Violett-Tönen. Ihre Arten gedeihen am besten auf feuchten, durchlässigen Lehmböden in voller Sonne, die Art *C. leichtlinii* auch auf humosen Böden. Die Pflanze vermehrt sich eher über Samen als über Brutzwiebeln, sobald sie nach drei bis vier Standjahren zur Blüte gekommen ist.

Herbstblühende Kleinblumenzwiebeln

Aus der Reihe der Zwiebelblumen, die man eher als zeitige, wenn nicht sogar erste Blütenwunder im Garten kennt, fallen die **Herbst-Krokusse**. Diese Arten sind im Handel wenig verbreitet und sind deshalb fast unbekannt. Im Herbst blühende Krokusse sind violettblau oder weiß und sorgen für echte Überraschung: Wer

Filigrane, zartviolette Blütenkerzen der Prärielilie harmonieren mit dem Grüngelb der kompakten Wolfsmilch.

rechnet schon im September mit einer „typischen“ Frühjahrsblume? Etwas schwierig ist die Verwendung. Während zur frühen Blütezeit der Frühjahrsblüher noch die Plätze der spät austreibenden Stauden frei und später von den Laubbäumen beschattete Stellen noch besonnt sind, lassen sich Herbst-Krokusse nur mit verträglichen und sehr flachen Bodendeckern kombinieren, zum Beispiel mit der Kaukasus-Fetthenne (*Sedum spurium*) oder mit lichten Gehölzen. Auch unbewachsene Fugen am Fuß von Mauern und zwischen Steinen kommen als Pflanzplatz in Frage. Am zuverlässigsten gedeihen die aus Osteuropa beziehungsweise Vorderasien stammenden Arten *Crocus banaticus* und *C. speciosus*, die im Altweibersommer oder Frühherbst für eine blühende Überraschung sorgen. Sie können durch Brutzwiebeln und Aussaat große Zwiebelknollenlager bilden und damit sogar Verdrängungskraft gegenüber schwachwüchsigen Stauden entwickeln. Es sind mehrere Sorten im

Der Banater-Krokus (*Crocus banaticus*) blüht im Herbst.

Übersicht der Kleinblumenzwiebeln

Pflanzenart	Wuchshöhe (in cm)	Blütezeit	Blütenfarbe	Pflanztiefe (in cm)	Pflanzzeit
Roter Lauch (*Allium atropurpureum*)	40–100	V-VI	dunkelviolett	5–8	VIII–IX
Gekielter Lauch (*Allium carinatum* subsp. *carinatum*)	30	VII-VIII	rosaviolett	3–5/ Topftiefe	IX (III–IV)
Nickender Lauch (*Allium cernuum*)	30	VI-VII	rosa	3–5/ Topftiefe	IX (III–IV)
Sternkugel-Lauch (*Allium christophii*)	40	V-VII	violett	5–8	IX
Gelber Lauch (*Allium flavum*)	20–40	VI-VIII	gelb	3–5	VIII–IX
Blauzungen-Lauch (*Allium karataviense*)	20	IV-V	weiß-rosa	5–8	VIII–IX
Gold-Lauch (*Allium moly*)	25	VI	gelb	3–5	VIII–IX
Rosen-Lauch (*Allium roseum*)	50	VI-VII	rosarot	3–5	VIII–IX
Kugel-Lauch (*Allium sphaerocephalon*)	70	VII-VIII	dunkelpurpurn	3–5/ Topftiefe	IX (III–IV)
Bär-Lauch (*Allium ursinum*)	30	IV-V	weiß	3–5/ Topftiefe	VII (III–IV)
Großer Schneeglanz (*Chionodoxa-luciliae*-Gigantea-Grp.)	15	III-IV	blauviolett	6–10	IX–X
Gewöhnlicher Schneeglanz (*Chionodoxa forbesii*)	15	III-IV	blauviolett	6–10	IX–X
Banater Krokus (*Crocus banaticus*)	10	VIII-IX	blauviolett	6–8	VII--VIII
Kleiner Krokus (*Crocus chrysanthus*)	5-10	II-III	verschiedene Farben je nach Sorte	6–10	IX–X
Gold-Krokus (*Crocus flavus*)	7-10	II-III	goldgelb	6–10	X--XI
Krokus (*Crocus speciosus*)	15	IX-X	hellblau	6–8	VIII
Dalmatiner Krokus (*Crocus tommasinianus*)	10	II-III	lavendelfarben	6–8	IX
Frühlings-Krokus (*Crocus vernus*)	10	III	weiß bis violett	6–10	X
Forellenlilie, Hundszahn (*Erythronium dens-canis*)	10	III-IV	violett-weiß	6–10	IX–X
Schachbrettblume, „Kibitzei" (*Fritillaria meleagris*)	20–30	IV-V	weinrot o. cremefarben gemustert	8–10	VIII–IX
Großblütiges Schneeglöckchen (*Galanthus elwesii*)	15–20	II-IV (X-XI)	weiß	6–10	VIII–IX
Kleines Schneeglöckchen (*Galanthus nivalis*)	10	II-III	weiß	6–10	VIII–IX
Spanisches Hasenglöckchen (*Hyacinthoides hispanica*)	25	V-VI	blauviolett	10	VIII–X

Übersicht der Kleinblumenzwiebeln (Fortsetzung)

Pflanzenart	Wuchshöhe (in cm)	Blütezeit	Blütenfarbe	Pflanztiefe (in cm)	Pflanzzeit
Hasenglöckchen (*Hyacinthoides non-scripta*)	25	V	blauviolett	10	VIII–X
Geweih-Iris (*Iris bucharica*)	40–45	III–IV	weiß-gelb	10–15	VIII–X
Danford-Iris (*Iris danfordiae*)	10	II–III	gelb	6–10	X–XI
Iris histrioides	10	II–III	blau	6–10	X–XI
Kleine Netzblatt-Iris (*Iris reticulata*)	20–30	III	blauviolett	6–10	X–XI
Sommer-Knotenblume (*Leucojum aestivum*)	40	IV–VI	weiß	10–20	IX–X
Frühlings-Knotenblume, Märzenbecher (*Leucojum vernum*)	25-30	III	weiß	10–20	IX–X
Armenische Traubenhyazinthe (*Muscari armeniacum*)	15–20	IV–V	blauviolett	6–8	IX–XI
Tubergens Traubenhyazinthe (*Muscari aucheri*)	20	III–IV	himmelblau	6–8	IX–X
Azurblaue Traubenhyazinthe (*Muscari azureum*)	7–15 (20)	III	blassblau/ himmelblau	6–8	IX–X
Kleine Traubenhyazinthe (*Muscari botryoides*)	10–30	III–V	violett	6–8	IX
Schopfige Traubenhyazinthe (*Muscari comosum*)	40	V–VI	violett	6–8	IX–X
Breitblättrige Traubenhyazinthe (*Muscari latifolium*)	14–40	IV–VI	blau/schwarzblau	6–8	IX–X
Weinbergs Traubenhyazinthe (*Muscari neglectum*)	10–20 (30)	III–IV	mittelblau	6–8	IX–X
Nickender Milchstern (*Ornithogalum nutans*)	30	V	weiß, außen grünlich	6–8	VIII–IX
Dolden-Milchstern (*Ornithogalum umbellatum*)	20	IV–V	weiß	6–8	VIIi–IX
Libanon-Puschkinie (*Puschkinia scilloides* var. *libanotica*)	10	III–IV	hellblau	6–9	IX–X
Zweiblättriger Blaustern (*Scilla bifolia*)	5–10	III–IV	blau	5–8	VIII–X
Früher Blaustern (*Scilla mischtschenkoana*)	10	II–III	lichtblau	5–8	VIII–X
Sibirischer Blaustern (*Scilla siberica*)	10–15	III–IV	blau	5–8	VIII–X
Gelbe Sternbergie (*Sternbergia lutea*)	5–10	IX–X	goldgelb	6–8	VII–VIII

Handel erhältlich, deren Farbspektrum von reinweiß (zum Beispiel 'Artabir') bis tiefviolettblau schwankt (zum Beispiel 'Oxonian'). Weitere Herbstkrokusse, die jedoch nur bei günstigem, also wintermildem Standort zur Selbstaussaat kommen, sind *C. pulchellus* 'Zephyr' (blau) und *C. kotschyanus* (violett).
Eine andere wichtige, im Herbst blühende Zwiebelpflanze ist die **Sternbergie** (*Sternbergia*). Dieses im September leuchtend gelb blühende Amaryllisgewächs ist in den angelsächsischen Ländern als „Autumn-Daffodil" bereits sehr verbreitet. In Deutschland erobert das Zwiebelgewächs bisher nur zögerlich den Handel und damit die Gärten.

Knollen- und Rhizompflanzen

Was hinsichtlich der Verwendung und der Handelsform über die Kleinblumenzwiebeln gesagt wurde, gilt auch für eine Reihe von Knollen- und Rhizompflanzen:

- auch sie werden sowohl in Form getrockneter Überdauerungsorgane als auch im Topf gehandelt, meist werden ihre Knollen wie Zwiebeln im Herbst ausgebracht;
- sie sind so robust, dass sie keinen erhöhten Pflegeaufwand oder besondere Maßnahmen zur Überwinterung verlangen;
- Arten wie Busch-Windröschen (*Anemone nemorosa*), Balkan-Windröschen (*Anemone blanda*) und Winterling (*Eranthis hyemalis*) besiedeln zügig große Flächen, wo sie im Frühjahr üppige Teppiche in weiß, blau oder gelb weben.

Werden die Samen der Alpenveilchen direkt nach der Reife in Töpfe gesät, lassen sich schnell Jungpflanzen für einen größeren Bestand im Garten heranziehen.

Alpenveilchen

Alpenveilchen besitzen einen besonderen Reiz. Die ungewöhnliche Knollenpflanze aus der Familie der Primelgewächse treibt aus einer mehr oder weniger kugel- oder scheibenförmigen Knolle ledrige Blätter und zierliche, weiß bis intensiv rosa gefärbte Blüten. Die bekannteste Art ist *Cyclamen persicum*, die durch eine jahrzehntelange Auslese zu einer kräftigen und viel gehandelten Zimmerpflanze geworden ist. Die wilden Verwandten sind bedeutend zierlicher, reichen aber in ihrer Schönheit und ihrer Farbintensität durchaus an das Zimmer-Alpenveilchen heran.
Die wichtigsten und robustesten Arten für den Garten sind das **Vorfrühlings-Alpenveilchen** (*Cyclamen coum*, siehe Foto Seite 21) und das **Herbst-Alpenveilchen** (*C. hederifolium*). Ersteres entwickelt namensgemäß im frühen Frühjahr leuchtend purpurrosafarbene Kronblätter über dem weiß marmorierten Laub. Die Blütenfarbe ist eine der intensivsten und ungewöhnlichsten, die sich im Garten im Laufe des Jahres zeigen. *Cyclamen hederifolium* blüht im August/September in blattlosem Zustand weiß oder intensiv rosa. Die attrakti-

Übersicht der Knollen- und Rhizompflanzen

Pflanzenart	Wuchshöhe (in cm)	Blütezeit	Blütenfarbe	Pflanztiefe (in cm)	Pflanzzeit
Frühlings-Adonisröschen (*Adonis vernalis*)	25–30	IV-V	gelb	5–7/Topftiefe	III–V
Apenninen-Windröschen (*Anemone apennina*)	15	III-IV	blauviolett, weiß oder rosa	5	IX–X
Balkan-Windröschen (*Anemone blanda*)	10–15	IV-V	blauviolett, weiß oder rosa	5-7	IX–X
Busch-Windröschen (*Anemone nemorosa*)	10–15	IV	weiß	5–7/Topftiefe	(III–IV)
Gelbes Windröschen (*Anemone ranunculoides*)	15–20	IV-V	gelb	5–7/Topftiefe	(III–IV)
Italienischer Aronstab (*Arum italicum*)	30	V	grünlich (Beeren: rot)	5–15/ Topftiefe	VIII–X, (III–IV)
Gefleckter Aronstab (*Arum maculatum*)	15	IV-V	grünlich (Beeren: rot)	5–15/ Topftiefe	VIII–X, (III–IV)
Herbst-Zeitlose (*Colchicum autumnale*)	15/20	IX	violett	7–20	VI-VII
Byzantinische Zeitlose (*Colchicum byzantinum*)	15/20	IX	violett oder weiß	7–20	VI-VII
Zeitlose (*Colchicum speciosum*)	15/30	IX	violett oder weiß	7–20	VI-VII
Hohler Lerchensporn (*Corydalis cava*)	25	III-IV	rosarot, violett oder weiß	10–20	IX
Gefingerter Lerchensporn (*Corydalis solida*)	15	III-IV	trübrot	10–20/ Topftiefe	IX, (III–IV)
Vorfrühlings-Alpenveilchen (*Cyclamen coum*)	5	II-III	tiefrosa	3–5	IX–X
Herbst-Alpenveilchen (*Cyclamen hederifolium*)	10	VII-IX	rosa oder weiß	10	VI–X
Sommer-Alpenveilchen (*Cyclamen purpurascens*)	10	VII-IX	rosa	5	III–IV
Winterling (*Eranthis hyemalis*)	5	II-III	goldgelb	5–7	VIII–IX
Afghanistan-Steppenkerze (*Eremurus stenophyllus*)	70/100	VI-VII	zitronengelb	10–25	VIII–IX
Knollen-Storchschnabel (*Geranium tuberosum*)	20–30	IV-V	hell violett	5–7	VIII–IX
Scharbockskraut (*Ranunculus ficaria*)	15–25	III-IV	goldgelb	5–7/ Topftiefe	III–IV

ven Blätter werden erst im Anschluss an die Blüte gebildet, halten dann aber über den Winter. Alpenveilchen bestechen also nicht nur durch ihre aparte Blüte, sondern sind auch interessante Blattschmuckstauden. Die nieren- oder herzförmigen Blätter sind dunkelgrün und zumeist durch konzentrische weiße Muster auffallend marmoriert. Die Blattzeichnung fällt je nach Art und Sorte sehr unterschiedlich aus. Nimmt die weiße Färbung zu, wirken die Blätter silbrig-grau.

Guter Partner für das Vorfrühlings-Alpenveilchen sind Silberwurz (*Dryas*) und andere duldsame, flache Zwergspaliersträucher und Polsterstauden. Schneeglöckchen stellen zur Blütezeit einen auffälligen Farbkontrast her. Innerhalb des natürlichen Verbreitungsgebietes, etwa in Georgien, wächst die Pflanze auch im Wurzelbereich kräftiger und flächendeckender Saumpflanzen wie dem Stauden-Holunder (*Sambucus ebulus*).

Das Herbst-Alpenveilchen braucht zur Blütezeit einen konkurrenzfreien Stand am Fuß von Bäumen. Das können auch lichte Nadelbäume (zum Beispiel Kiefern oder Lärchen) sein. Ein guter Standort für beide Alpenveilchen-Arten ist der Heckenfuß, beispielsweise von Hainbuchenhecken.

Die drei wichtigsten Arten sind schon als Knollen leicht voneinander zu unterscheiden:

- *C. coum* bildet nur unten an der Knolle Wurzeln.
- *C. hederifolium* treibt die Wurzeln ausschließlich an der Knollenoberseite. Sie werden im Handel oft unsachgemäß entfernt.
- *C. purpurascens* hat gleichmäßig über die Knollenaußenseite verteilte Wurzeln.

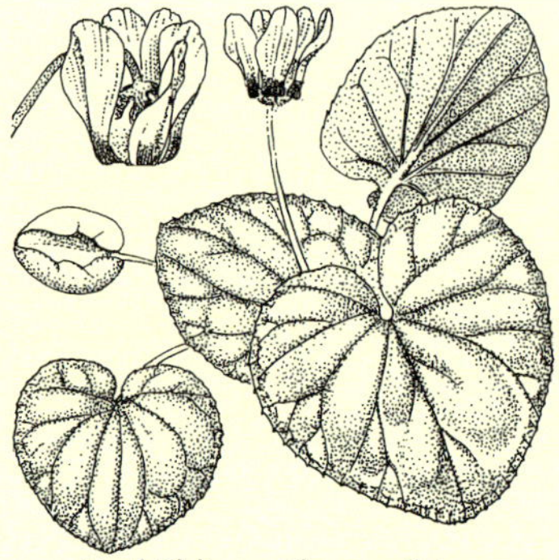

Vorfrühlings-Alpenveilchen

Seltener werden weitere Alpenveilchen-Arten angeboten. Das in Teilen Mitteleuropas vorkommende Wilde oder **Sommer-Alpenveilchen** (*C. purpurascens*) liebt kalkhaltige Böden und ist weniger winterhart als die bei-

Das Herbst-Alpenveilchen blüht, bevor es seine attraktiv gezeichneten Blätter treibt.

den zuvor genannten Arten. Es ist bei moderaten oder nur kurzfristig tiefen Wintertemperaturen immergrün und treibt große, duftende Blüten. Alle anderen Arten, zum Beispiel C. *cilicicum, C. pseudibericum, C. repandum, C. trochopterantum*, stellen hohe Ansprüche an den Standort und sind zum Teil nicht winterhart. Es ist schon eine (lohnenswerte!) Herausforderung für jeden Gärtner, das Vorfrühlings- und Herbst-Alpenveilchen dauerhaft im Garten zu etablieren.

Hahnenfußgewächse

Die Familie der Hahnenfußgewächse hat einige geophytisch lebende Arten hervorgebracht. Dazu gehören Scharbockskraut, Busch-Windröschen, Strahlen-Anemone, Frühlings-Adonisröschen und Winterling.

Die robusteste Art ist das **Scharbockskraut** (*Ranunculus ficaria*). Die strahlenförmigen gelben Blüten erscheinen ab März besonders in Bereichen, die im Frühjahr von der Sonne beschienen werden. Es kann sich geradezu zum Unkraut auswachsen, sofern die Standortbedingungen es zulassen. Auf einigermaßen frischen und bindigen Boden mit ausreichendem Lehm- beziehungsweise Tonanteil kann die Pflanze schnell große Flächen einnehmen. Dabei hilft ihr eine besonders erfolgreiche Fortpflanzungsstrategie: In den Blattachseln der niederliegenden Triebe bilden sich Brutknollen. Wenn die Pflanze einzieht, bleiben die Knöllchen auf der Bodenoberfläche liegen, meist ein ganzes Stück von der Mutterpflanze entfernt. Durch Falllaub und Bodenbewegungen geraten die Brutknollen im Laufe des Jahres unter die Oberfläche, um im Frühjahr wieder mit einem einzelnen, glänzendgrünen Blatt auszutreiben. Nach zwei bis drei Jahren ist aus jeder Brutknolle eine kräftige Pflanze entstanden, die wiederum weitere Knollen gebildet hat.

Das Scharbockskraut ist ein Partner für kräftige Schattenstauden wie Farne, Funkien (*Hosta*), Wald-Geißbart (*Aruncus*) und Lungenkraut (*Pulmonaria*). Da die Pflanze nur 10 cm hoch

Busch-Windröschen

wird, ist sie zwischen einigermaßen starken Partnern nie störend. Allerdings sollten diese Pflanzen die mit Scharbockskraut bepflanzten Flächen ab Juni mit ihren Blättern bedecken. Sorten des Scharbockskrautes werden ausschließlich in Töpfen verkauft.

Das gilt auch für eine weitere heimische Staude, das **Busch-Windröschen** (*Anemone nemorosa*, siehe Foto Seite 11). Die Pflanze, die in heimischen Auwäldern und Buchenmischwäldern vorkommt, macht auch im schattigen Staudenbeet eine gute Figur. Aus den schlanken, verzweigten kaffeebraunen Rhizomen treibt an jedem Rhizomende im März ein Blattquirl, über dem sich im April eine einzelne, strahlendweiße, bei der Sorte 'Robinsoniana' auch bläulich überhauchte Blüte öffnet. Da sich die Rhizome auf zusagenden Plätzen dicht überlagern, bilden sich bald große Teppiche aus eng beieinander stehenden Blüten. Busch-Windröschen werden 15 bis 20 cm hoch und können das ganze Jahr über gepflanzt werden, am besten aber solange oder sobald das Laub zu sehen ist. Eine empfindlichere Verwandte ist das **Gelbe Windröschen** (*Anemone ranunculoides*). Die Blüten sind kleiner und leuchtend gelb. Ihr Standort sollte frisch und kalkreich sein.

Ein Rasen aus Scharbockskraut bedeckt den Waldboden.

Von anderen Anemonen wird das getrocknete Überdauerungsorgan vornehmlich zur Pflanzzeit im September/Oktober angeboten; gelegentlich werden auch die blühenden Pflanzen zum Frühling im Topf gehandelt. Vielleicht die schönste Art ist das **Balkan-Windröschen** (*Anemone blanda*), von dem es mittlerweile zahlreiche Sorten gibt. Die Wildform ist blauviolett, genau wie die robuste Sorte 'Blue Shades'. Es gibt aber aus weiße ('White Splendour', siehe Foto Seite 28) und rötliche Pflanzen ('Radar'). Ein guter Standort ist der Wurzelanlauf von Bäumen und Sträuchern, denn dieser gewährleistet Schutz vor Staunässe während des Sommers. In der Türkei wächst diese Anemone auch im Schotterbett von Gebirgsflüssen. Dort steht sie im Frühling nach der Schneeschmelze feucht und im Sommer trocken. Behagt es ihr am Standort, kann sie durch Aussaat dichte Flächen bilden und lange zu halten.

Die Balkan-Anemone reckt ihre Blütenstrahlen empor, deren Violett-Töne variieren.

Der Winterling lässt seine gelben Blüten durch die Schneedecke sprießen.

Das **Apenninen-Windröschen** (*A. apennina*) wird ebenfalls etwa 15 cm hoch, ist aber blasser und hat schmalere, noch strahlenförmigere Blütenblätter. Sie bevorzugt im Garten Plätze, die auch dem heimischen Busch-Windröschen behagen. Sie blüht im April / Mai, also nach *A. blanda*, die im März / April blüht. Im Handel werden die Pflanzen von *Anemone blanda* und *A. apennina* oft miteinander verwechselt. Mit den Speicherorganen kann das nicht passieren: während das Balkan-Windröschen einen verästelten Wurzelstock ausbildet, lagert beim Apenninen-Windröschen eine schwarze, zylindrische Knolle Reservestoffe ein. Leider werden noch immer viele Anemonen in der Wildnis gesammelt. Beim Kauf sollten Sie auf Packungshinweise achten, die die Herkunft aus Kulturmaterial eindeutig belegen.

Neben den Anemonen gehört auch eine weitere wichtige Frühlingspflanze in die Familie der Hahnenfußgewächse. Der in einigen Teilen Mitteleuropas eingebürgerte **Winterling** (*Eranthis hyemalis*) stammt wie viele andere Arten ebenfalls aus Kleinasien. In den Gebirgen dort blüht die Pflanze direkt nach der Schneeschmelze. Auch in Deutschland und Österreich zeigt der Winterling seine gelben Blüten bereits ab Februar und ist zusammen mit dem Schneeglöckchen eine der ersten Blütenpflanzen, die den Frühling einläuten.

Beachten Sie:
Alle Anemonen bevorzugen die reifen, humosen Böden eingewachsener Gärten. Für Neuanlagen sind die Pflanzen nicht geeignet.

Fruchtstand des Winterlings

Besonders eindrucksvoll ist das im Rautal bei Jena oder im Wörlitzer Park bei Dessau zu besichtigen. Winterlinge sind nach dem Einbringen zunächst unstete Gesellen. Haben sie ihren Platz im Garten gefunden, vergrößern sie ihr Areal stetig durch starke Aussaat. Denn ist die Blüte erst einmal verschwunden, bildet sich auf dem markanten Blattstiel eine fünfteilige Balgfrucht, in der sich relativ große Samenkörner entwickeln. Diese keimen im Frühjahr, etwa zur Blütezeit der Pflanzen. Nach drei bis vier Jahren sind die Pflanzen blühfähig. Die kleine Knolle sitzt sehr tief im Boden. Winterlinge sollten Sie erst drei bis fünf Jahre nach der Anlage Ihres Gartens pflanzen, da sie eingewachsenen, humos-lehmigen Boden verlangen. Da die Anzucht von Winterlingen immer wieder Probleme bereitet, entnimmt man auch von dieser Art Wildpflanzen aus Naturstandorten in der Türkei.

Lerchensporn

Zwei weitere heimische Knollenpflanzen dürfen ebenfalls in keinem Frühlingsgarten fehlen: Der **Hohle Lerchensporn** (*Corydalis cava*) und der **Gefingerte Lerchensporn** (*Corydalis solida*) sind Pflanzen der edelholzreichen Auwälder. Ihre Vorliebe für frische bis feuchte Plätze sollten Sie auch bei der Standortwahl im Garten berücksichtigen. Den Namen verdankt der Lerchensporn dem langen Blütenfortsatz, der an den Sporn der mittlerweile selten gewordenen Hauben-Lerche erinnert. Der Hohle Lerchensporn bildet in Auwäldern dichte Teppiche, die zur Blütezeit besonders beeindrucken. Dieses Naturschauspiel können Sie „live“ zum Beispiel im Brühler Schlossgarten zwischen Köln und Bonn besichtigen.

Vom Gefingerten Lerchensporn gibt es strahlend lachs- bis orangerote Auslesen (z.B. ‘George Baker’). Die aus diesen Pflanzen entstehenden Sämlinge zeigen zu einem großen Teil ebenfalls wieder das lebhafte Farbspiel. Ansonsten öffnen beide Arten entweder rosafarbene oder weiße Blüten, die beim Gefingerten Lerchensporn etwas früher erscheinen. Zur Verbreitung haben die Pflanzen einen besonderen Trick entwickelt: Die stecknadelkopfgroßen, an polierte schwarze Edelsteine erinnernden Samen tragen ein öl- und eiweißreiches Anhängsel (Elaiosom) – ein Leckerbissen für Ameisen! Diese sammeln die Samen und tragen sie in Richtung ihrer Wohnbauten. Einige Samen gehen schon vorher verloren, andere keimen im Frühjahr in verlassenen Ameisennestern. Bereits im ersten Jahr nach der Pflanzung blühender Lerchensporne lassen sich im Garten die markanten Sämlinge ausmachen, die nur ein graugrünes Blättchen ausbilden und bald darauf

Der Hohle Lerchensporn (*Corydalis cava*) reagiert auf trockenen Boden deutlich empfindlicher als der Gefingerte Lerchensporn (*C. solida*). Dieser akzeptiert sogar Sandböden, verlangt aber dafür etwas mehr Wärme.

wieder einziehen. Bis zur ersten Blüte der Sämlinge können dann schon mal drei Jahre vergehen. Da die Knollen schnell austrocknen, sollten Sie sie früh pflanzen, am besten in der ersten Septemberhälfte. Der Gefingerte Lerchensporn wird bisweilen im Topf gehandelt und kann im Frühjahr blühend zugepflanzt werden. Auch der Lerchensporn gehört nicht in neu angelegte Gärten, sondern wird nach einigen Jahren nachgepflanzt.

Pflanze und Knolle des Hohlen Lerchensporns

Zeitlose

Die Gattung der Zeitlosen (*Colchicum*) umfasst 50 bis 60 Arten, deren Verbreitungsschwerpunkt im Mittelmeer- und Schwarzmeergebiet liegt. Von dort reicht das Verbreitungsgebiet weit nach Westen und Osten. In Mitteleuropa heimisch ist die Herbst-Zeitlose (*C. autumnale*), eine Pflanze frischer Bergwiesen und Auenbereiche. Ähnlich den Herbst-Krokussen treibt das giftige Liliengewächs im

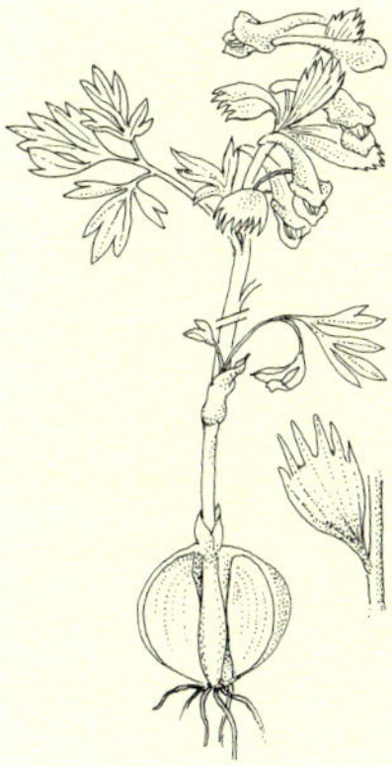

Pflanze und Knolle des Gefingerten Lerchensporns

Hohler Lerchensporn am Naturstandort.

Gefingerter Lerchensporn, Sorte 'George Baker'.

Herbst-Zeitlose mit Knolle, Blüte, Samenstand

September/Oktober kräftig gefärbte Blüten, die aber sechs Staubfäden (statt drei wie beim Krokus) zeigt. Die Blüten entwickeln sich ohne Blätter in zum Teil dichten Büscheln und entfalten eine üppige Farbwirkung. Probleme bereitet die Pflanze im Frühjahr, wenn sich die relativ großen Blätter bilden. Zu dieser Zeit beansprucht die Pflanze den meisten Platz; man muss sie also mit Partnern kombinieren, die im Frühjahr Raum für das Wachstum lassen, im Herbst die Blüte nicht verdecken und den Rest des Jahres den Boden schließen. Geeignete Partner für die an trockenere Standorte adaptierten kleinasiatischen und mediterranen Arten *wie C. byzantinum* und *C. speciosum*: Berg-Aster (*Aster amellus*), Schöne Fetthenne (*Sedum spectabile*), Purpur-Fetthenne (*S. telephium*) und Seifenkraut (*Saponaria officinalis*). Aber auch flache und schattenverträgliche Stauden wie etwa Kaukasus-Fetthenne (*Sedum spurium*) erfüllen die Bedingungen der Herbst-Zeitlosen. Den Ansprüchen nahe kommende Standorte sind extensiv gepflegte und damit wenig gemähte Rasenflächen.

Eine Reihe von Sorten bereichert das Sortiment mit gefüllt blühenden, unterschiedlich gefärbten Pflanzen. Das Farbspektrum reicht hier von weiß über rosa bis purpurviolett. Sie finden im Handel Sorten wie 'Albiflorum', 'Lilac Wonder' oder die gefüllte 'Waterlily'. Dabei sind die Blüten der Wildformen meist standfester als die der Sorten.

Im Extensivrasen kommen Herbst-Zeitlose besonders gut zur Geltung, wenn die Grünfläche im August noch einmal gemäht wird.

Hier bringen Herbst-Zeitlose violette Farbtupfer in die Rasenfläche.

Die **Frühlings-Lichtblume** (*Bulbocodium vernum*), die der gleichen Familie wie die Zeitlosen angehört, blüht im Frühjahr gelb.

Aronstabgewächse

Alle Aronstabgewächse sind extravagant und exotisch wirkende Pflanzen. Die weitestgehend in den Tropen verbreitete Familie hat nur wenige in unseren Breiten winterharte Arten hervorgebracht. In jüngster Vergangenheit werden auf dem Markt aber auch weitere Aronstabgewächse angeboten, die aus dem asiatischen Raum zu uns kommen. Es sind meist bei uns nur bedingt winterharte Liebhaberpflanzen aus der Gattung der Feuerkolben (*Arisaema*). Viele davon werden wohl in China wild gesammelt.

Die einzige heimische Art ist der **Gefleckte Aronstab** (*Arum maculatum*, siehe Foto Seite 22), ein Bewohner frischer Laubwälder. Für den Garten ist nur er sowie sein südöstlich verbreiteter Verwandter, der **Italienische Aronstab** (*A. italicum*) von Interesse. Beide Arten treiben im März pfeilförmige Blätter, die bei der heimischen Art saftig grün oder schwarz gescheckt, beim Italienischen Aronstab weiß gezeichnet sind. Als Blattschmuckpflanze ist *A. italicum* attraktiver. Zwischen April und Mai öffnet sich ein tütenförmiges Blütenhüllblatt (Spatha), das einen bräunlichen Kolben (Spadix) freigibt. Nach dem Einziehen der Blätter gerät der Aronstab für eine Weile in Vergessenheit, bis er im Juli noch einmal mit einem furiosen Feuerwerk überrascht. Dann färben sich die zu einem Kolben zusammen stehenden Beeren leuchtend rot-orange. Dieser Effekt kommt natürlich umso besser zur Geltung, je mehr Pflanzen gesetzt wurden. Der Aronstab gedeiht auf humosem Gartenboden in schattiger Lage. Besonders der Gefleckte Aronstab vermehrt sich reichlich über Samen.

Pflanzen Sie die Aronstab-Arten bevorzugt in solche Bereiche, die Sie im Sommer noch einsehen können – es wäre sonst schade um die besondere Farbwirkung der Beeren!

Der Italienische Aronstab bereichert mit seinem Blatt- und Fruchtschmuck den Garten.

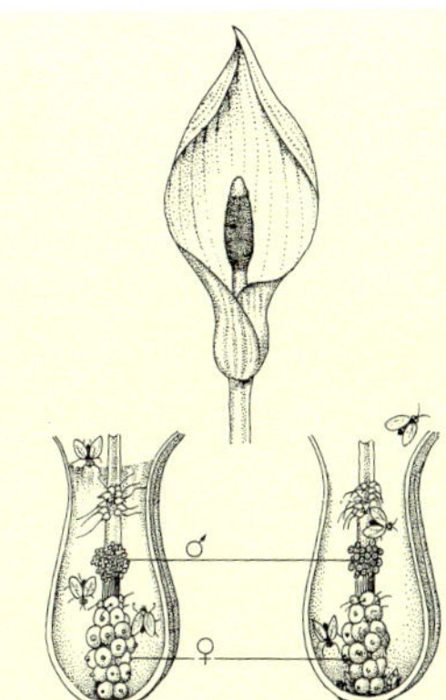

Aronstab, Schnitt durch die männl. und weibl. Blüte

Steppenkerzen

Die in Mittelasien beheimatete Gattung *Eremus* hat eine Handvoll eindrucksvoller

Zierpflanzen hervorgebracht. Die als Steppenkerze oder Lilienschweif bekannten Arten besitzen einen großen Wurzelstock, der in seiner Form an einen Seestern erinnert. Sie verlangen nach gut drainiertem, sommertrockenen Boden. Setzen Sie sie deshalb am besten in speziell vorbereitete Pflanzflächen, in die Sie zuvor eine 20 bis 30 cm starke Schotterschicht eingebaut haben. Ein zusätzliches Pflanzbett aus 5 cm Grobsand bewahrt die Wurzelstöcke vor Staunässe und somit vor Fäulnis. Beim Pflanzen müssen Sie vorsichtig vorgehen, da die Wurzelstöcke leicht brechen. Die Pflanzen sind winterhart, können aber bei Spätfrösten Schaden nehmen. Wer sicher gehen will, sollte den Austrieb während dieser Zeit schützen. Steppenkerzen passen gut in steppenartige Extensivpflanzungen voll besonnter Freiflächen oder zu Horststauden in Beete mit durchlässigen Böden. Hochwüchsige Arten wie *Eremurus aitchinsonii* und die Turkestan-Steppenkerze (*E. robustus*) können zwischen 2 und 3 m Höhe erreichen. Sie sind damit nicht nur besonders auf-, sondern auch anfällig. Dagegen sind die Afghanistan-Steppenkerze (*E. stenophyllus*) sowie die so genannten Shelford- und Ruiter-Hybriden besonders robust. Sie sind in mehreren Farben erhältlich, so zum Beispiel in Orangerosa ('Cleopatra'), Zartrosa ('Oase'), oder Chromgelb ('Pinokkio'). Steppenkerzen sind nur bedingt für Gartenanfänger geeignet, da sie recht hohe Ansprüche an den Standort stellen.

Beet mit leuchtenden Gelb- und Orangetönen, in dem die Steppenkerze eine „herausragende Rolle" spielt.

Weitere Knollenpflanzen

Die aus Nordamerika stammenden **Dreiblattlilien** (*Trillium*) liefern eine ganze Reihe aparter, aber etwas anspruchsvoller Gartenpflanzen. Diese Liliengewächse verlangen einen lockeren, frischen oder feuchten Hu-

Die blühende Große Dreiblattlilie zusammen mit Farnen in einer naturnahen Anlage.

musboden und einen absonnigen bis schattigen Standort. Fühlen sich die Pflanzen wohl, bilden sie dichte Decken. Im Hochsommer ziehen die Pflanzen ein. Gute Partner sind sommergrüne Farne. Damit passen sie besonders gut in die Saumbereiche von Gehölzpflanzungen oder zu waldartigen Garten-Situationen. Die Rhizome entstammen immer noch zweifelhafter Herkunft, da die Pflanzen vermutlich nach wie vor an den Naturstandorten Nordamerikas ausgegraben werden. Am häufigsten im Handel zu finden sind Große (*T. grandiflorum*), Weiße (*T. sessile*) und Grünblütige Dreiblattlilie (*T. chloropetalum*).

Eine weitere interessante Pflanze ist der **Knollen-Storchschnabel** (*Geranium tuberosum*). Im Erscheinungsbild gleicht dieser Storchschnabel anderen *Geranium*-Arten. Im Gegensatz zu diesen bildet diese Art aber richtige Knollen. Die Pflanze blüht im Mai violett und zeigt zum Ende des Jahres eine schöne Herbstfärbung. Leider stammen die Pflanzen wohl weitgehend aus Wildsammlungen in der Türkei.

Wer an dieser Stelle **Dahlien** vermisst, sei daran erinnert, dass diese „Südamerikaner“ nicht winterhart sind. Man muss sie jeden Herbst vor dem ersten Frost ausgraben und frostfrei überwintern. Die Pflanzen gehören deshalb nicht in naturnahe und pflegeleichte Pflanzungen.

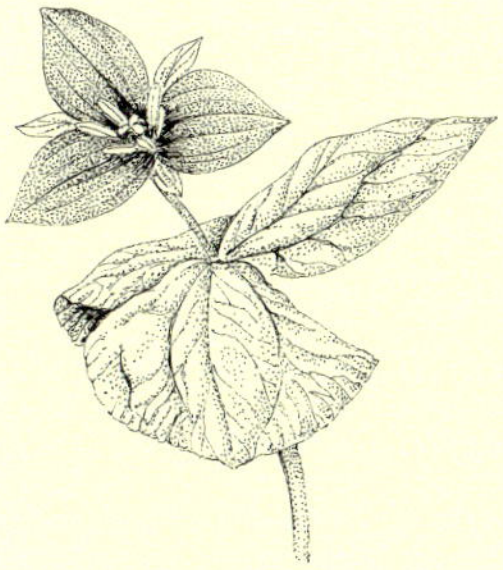

Aufrechte Dreiblattlilie (*Trillium erectum*)

Zwiebelblumen –

pflanzen und pflegen

Mit Zwiebel- und Knollengewächsen zu arbeiten bedeutet, auf eine besondere Art zu gärtnern: Einfühlungsvermögen für passende Pflanzartner und Vorstellungskraft für das Kommende sind wichtige „Gärtnertugenden". Aus den unscheinbaren Zwiebeln und Knollen entwickeln sich schon wenige Monate darauf blühfähige Pflanzen. Zwiebelblumen sorgen für Überraschungen – nicht der unangenehmen Art, sofern man folgende Kaufkriterien und Pflegehinweise beachtet.

Die verschiedenen Zwiebelpflanzen bringen neben der beindruckenden Blütenvielfalt auch unterschiedliche Zwiebelgrößen, -formen und -farben hervor.

Qualitätsmerkmale

Soll eine Zwiebelblumenpflanzung von Erfolg gekrönt sein, müssen Sie schon auf das Pflanzmaterial ein besonderes Augenmerk richten. Die Lagerfähigkeit der einzelnen Arten ist sehr unterschiedlich. Generell gilt: je früher die Speicherorgane vom Handel wieder zurück in den Boden kommen, desto größer ist die Wahrscheinlichkeit, dass sie in der kommenden Saison erfolgreich anwachsen und blühen. Im Dezember gekaufte Zwiebeln haben schon Monate in lufttrockenen Lager- und Verkaufsräumen verbracht und bereits viel Wasser verloren. Nur ein stark reduzierter Preis rechtfertigt es, den geschwächten Pflanzenteilen noch eine Chance im Garten zu geben. Planbarer Erfolg ist bei derartiger Ware nicht mehr zu erzielen. Manche Arten mit dünnen Schalen können schon nach einer Woche Lagerzeit geschädigt sein, zum Beispiel Märzenbecher, Traubenhyazinthen oder Schneeglöckchen. Größere Zwiebeln der selben Art blühen eher als kleine und halten länger außerhalb ihrer gewohnten erdfeuchten Umgebung aus. Von einer ganzen Reihe von Arten werden unterschiedliche Zwiebelgrößen angeboten. Die Handelsgröße ist selbst bei den meisten Kleinpackungen auf der Verpackung vermerkt. Bei Schneeglöckchen bedeutet der Aufdruck 5/6, dass die Zwiebeln 5 bis 6 cm Umfang haben. Bei Sonderangeboten werden auch kleinere Größen bereitgehalten. Bei diesen ist aber die Wahrscheinlichkeit geringer, dass sie im ersten Jahr blühen und die Lagerung ohne Schaden überstehen. Aber auch der Größenvorteil für bessere Lagerfähigkeit hat seine Einschränkungen: mancherorts sieht man auf Märkten oder Börsen große, aus der Wildnis geraubte Alpenveilchen-Knollen. Unverbesserliche Anbieter haben den Knollen aus ästhetischen Gründen oft die oben liegenden Wurzeln entfernt. Dieses Pflanzgut wird den Käufern keine große Freude bereiten. Überhaupt sind Knollen und Zwiebeln aus Wildentnahmen weniger an die Kulturbedingungen angepasst als selektierte Ware aus Kulturbeständen. Eine hohe Ausfallquote kann die Folge sein.

Mit einem Pflanzholz kann man Löcher für die Blumenzwiebeln in den Boden stechen.

Richtig pflanzen

Teilweise werden die einziehenden Zwiebel- und Knollenpflanzen auch als Topfware außerhalb der Vegetationszeit angeboten. Falls Sie hierauf zurückgreifen wollen, sollten Sie vor dem Kauf den Ballen aus dem Topf nehmen, um die Wurzeln auf Gesundheit zu überprüfen. Wenn es bei Zwiebelgewächsen im Topf zu Ausfällen kommt, geschieht das meist während des Winters. Deshalb schützt nur eine gründliche Kontrolle vor unangenehmen Überraschungen. Man sollte besser so lange warten, bis sich frische (meist weiße) Wurzeln oder eine deutliche Knospe an der Erdoberfläche zeigen. Das ist meist im frühen Frühjahr der Fall.

Gepflanzt wird praktisch ausnahmslos in Gruppen, wobei Sie bei Pflanzenmenge und -dichte das Ausbreitungsverhalten der betreffenden Art berücksichtigen müssen. Arten, die keine Brut- oder Nebenzwiebeln bilden und sich nicht durch Aussaat vermehren, setzen Sie gleich in der gewünschten Gruppenstärke. Sich aussamende Pflanzen wie Hohler Lerchensporn (*Corydalis cava*) oder Frühlings-Krokus (*Crocus vernus*) sowie Arten mit reichlicher Nebenzwiebelbildung (zum Beispiel *Galanthus nivalis*) sollten Sie großzügig über die Pflanzfläche verteilen, damit es zu einer schnelleren Flächenbesiedlung kommt. Wichtig ist natürlich, im Auge zu behalten, wann ein bestimmter optischer Effekt erzielt werden

MIt einer Drainageschicht aus Splitt oder Feinkies können Sie bei bindigen Böden für guten Wasserabzug sorgen.

soll. Wer mehr Geduld aufbringt oder Zweifel hegt, kann am Anfang mit weniger Zwiebeln und kleineren Gruppen beginnen.

Die Pflanztiefe ist bei kleinen Gebinden zumeist auf der Packung vermerkt. Die Abbildung auf Seite 88 zeigt die Pflanztiefen für die wichtigsten Arten. Robustere Geophyten nehmen zu flaches Pflanzen nicht übel und ziehen sich mit Zugwurzeln selbst in die richtige Tiefe. Das ist zum Beispiel bei Krokussen der Fall.

Ist der Boden zu wenig durchlässig für Wasser und Luft, können Sie das Pflanzbett durch die Zugabe von Sand oder Splitt entsprechend aufbereiten. Dauerhafter ist eine kompletter

Kleinpackungen sind nur etwas für Experimente! Haben Sie Mut zu mehr und kaufen Sie im Fachhandel größere Gebinde. Das ist sogar preiswerter, denn je kleiner die Abpackung, desto höher ist der Preis für die einzelne Zwiebel.

Substrataustausch. Den pH-Wert können Sie in normalen Gartenböden getrost vernachlässigen. Wer aber Rohböden nutzt, sollte die Ansprüche der verschiedenen Arten an den Kalk- und Humusgehalt beachten. Ideale Pflanzhilfe ist ein Pflanzholz, wie es in jedem Gartenfachhandel angeboten wird. Damit wird für jede Zwiebel ein separates Loch gestochen. Bevor die Zwiebel gesteckt wird, sollten Sie das Loch leicht mit Sand auffüllen, damit unter dem Pflanzgut kein luftgefüllter Hohlraum verbleibt. Das Loch wird anschließend mit Sand oder krümeligem Boden bis zur Erdoberkante aufgefüllt. Stöcke, Bambusstäbe oder Metallstangen markieren die Pflanzplätze. Das ist besonders in den ersten Jahren und bei wenig ausbreitungswilligen Pflanzen ratsam. Andernfalls kann es leicht passieren, dass Sie die Zwiebeln bei der Bodenbearbeitung vergessen und ungewollt ausgraben oder beschädigen. Schließlich sind die zarten Gartenschönheiten einen Großteil des Jahres „im Untergrund" verborgen!

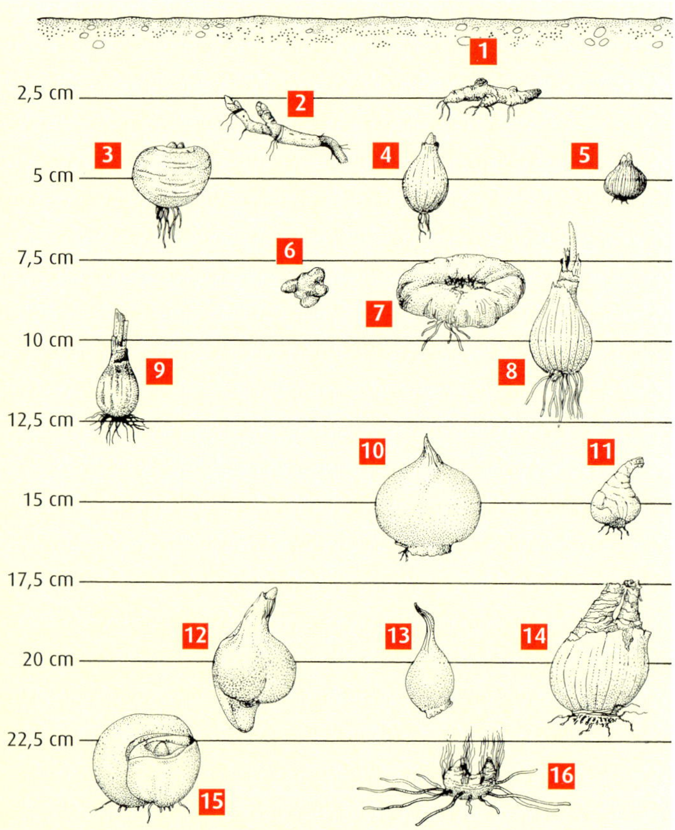

1) Winterling, 2) Anemone, 3) Lerchensporn, 4) Schneeglöckchen, 5) Krokus, 6) Balkan-Windröschen, 7) Alpenveilchen, 8) Kleine Netzblatt-Iris, 9) Märzenbecher, 10) Garten-Tulpe, 11) Wild-Narzisse, 12) Herbst-Zeitlose, 13) Wild-Tulpe, 14) Garten-Narzisse, 15) Kaiserkrone (ab 25 cm), 16) Lilienschweif

Umpflanzen und teilen

Bei einigen Arten lässt die Blühwilligkeit im Laufe der Jahre nach. Das ist besonders bei Horst bildenden Zwiebelblumen wie Narzissen und Schneeglöckchen der Fall, wenn die Pulks zu dicht werden. Nehmen Sie in diesem Fall die Zwiebeln auf, teilen Sie die Horste und pflanzen Sie sie neu ein – so erhalten Sie wieder blühfähige Pflanzen.

Verpflanzen Sie Zwiebeln am besten, wenn das Laub einzuziehen beginnt. Dann wurden die meisten Nährstoffe bereits gespeichert und die Zwiebel ist ausreichend gereift. Robustere Ar-

ten, zum Beispiel Schneeglöckchen, lassen sich im vollen Laub verpflanzen. Auch Notumsiedlungen kann man in der Vegetationsperiode durchführen. Schlimmstenfalls „bestrafen" die Pflanzen den unzeitgemäßen Umzug mit einer blütenlosen Folgesaison.
Stehen die Pflanzen schon längere Zeit im Garten, werden Sie sich bei einigen Arten wundern, wie tief die Zwiebeln oder Knollen im Boden stecken! Das Umpflanzen erfordert dann einen langen Spaten und gelingt fast nur im belaubten Zustand der Pflanzen. Die tief verborgenen Überdauerungsorgane aufzufinden, ist andernfalls nahezu unmöglich.

Den Zwiebelblumengarten pflegen

Werden Zwiebeln, Knollen oder Rhizome gepflanzt, die über Jahre an ein und demselben Standort aushalten, hält sich der Pflegeaufwand in engen Grenzen. Trotzdem sollten Sie auch hier bei der Gartenpflege einige Grundsätze beherzigen, um die dauerhafte Ansiedlung und Ausbreitung der Zwiebelblumen zu fördern.

→ Rasen- oder Wiesenflächen mit Zwiebelpflanzen sollten Sie in jedem Fall erst mähen, wenn sich das Laub zu verfärben beginnt. Dann hat die Pflanze ausreichend Nährstoffe gebildet und in das Speicherorgan verlagert. Für Narzissen hat es sich bewährt, die bepflanzten Rasenbereiche bei der Mahd entsprechend lange auszusparen. Das fördert auch die Wiesenblumen, die gemeinsam mit den Narzissen wachsen. Auch in Staudenpflanzungen sollten Sie Ihre Zwiebelgewächse nicht zurückschneiden, bevor die Pflanzen einzuziehen beginnen. Am besten kombinieren Sie die Zwiebel- und Knollengewächse so mit anderen Pflanzen, dass die welkenden Blätter durch neu austreibende Begleitpflanzen nicht sichtbar sind.

→ Um den Pflanzen nach der Blüte Kraftverluste zu ersparen, entfernen passionierte Gartenliebhaber bei Tulpen und Narzissen die verwelkten Blüten – eine Arbeit, die in größeren Beständen einige Zeit in Anspruch nehmen kann. Robuste, langlebige und blühfreudige Arten und Sorten zu pflanzen, ist allemal weniger aufwändig. Wer über viel Zeit verfügt und sich gerne an der frischen Luft betätigt, sollte den Zwiebelblumen die Kraft raubende Samenbildung ersparen. Zwiebelpflanzen, die sich aussäen sollen, brauchen natürlich ausgereifte Samen. Hier müssen Sie einen Teil der Samenstände im Bestand belassen.

→ Wer von seinen Zwiebelblumen langfristig etwas haben möchte, sollte einen wichtigen Grundsatz für die Gartenpflege beherzigen: Die Hacke ist tabu! Nur auf ungestörtem Boden können die Zwiebel- und Knollenpflanzen sicher überleben und sich durch Aussaat verbreiten. Für diejenigen Großblumenzwiebeln, die im Boden bleiben, aber offenen Boden ohne

Konkurrenten bevorzugen, sollten Sie Ihren Gartenboden mit einem flach arbeitenden Werkzeug bearbeiten, beispielsweise mit einer Pendelhacke.

→ Früher wurden auch für Zwiebelblumenpflanzungen üppige Düngergaben empfohlen. Tulpen, Narzissen oder Kaiserkronen beispielsweise benötigen einen gut mit Nährstoffen versorgten Boden, um kräftige, blühfähige Überdauerungsorgane ausbilden zu können. In der Regel sind die meisten Gartenböden aber ausreichend mit Nährstoffen versorgt. Kompost und Herbstlaub dürften den Nährstoffbedarf normalerweise vollkommen decken.

→ Apropos Herbstlaub: Gerade den im Wald beheimateten Arten behagt die natürliche Decke aus herabgefallenen Laubblättern. Das gilt in erster Linie für schnell zersetzbares und/oder kleines Laub von Hainbuche (*Carpinus betulus*), Rot-Buche (*Fagus sylvatica*) oder Stiel-Eiche (*Quercus robur*). Größere beziehungsweise schwer zersetzbare Blätter, Nadeln und die Reste hartlaubiger Gewächse sollten nicht in zu dichten Schichten liegen. Bringen Sie kein zusätzliches Laub von Verkehrsflächen oder Wegen auf die Pflanzbereiche von „Zwiebelblume & Co." auf. Das erschwert den Pflanzen den Austrieb und behindert die Wasserversorgung.

Beachten Sie:

Vorsicht ist bei künstlicher Bewässerung geboten. Viele Arten wollen es in der Ruhezeit während des Sommers trocken haben. Zuviel Wasser lässt Zwiebeln und Knollen faulen.

Schäden an Zwiebelblumen

Grundsätzlich haben Zwiebelblumen bei optimalen Bedingungen nur selten unter Schädigungen durch Krankheitserreger oder Tiere zu leiden. Schon der „Pflanzen-Trick", sich ungünstigen Witterungsbedingungen durch Flucht in den Boden zu entziehen, reduziert die Anfälligkeit für Schädlinge und Krankheiten. Tritt doch einmal ein Schaden auf, so lässt er sich im Hobbygarten meist verkraften und erweitert den Erfahrungsschatz. Schließlich ist der Garten ein Stück weit auch Experimentierfeld – Schädigungen geben Hinweise auf mögliche Ursachen, die Sie in der nächsten Gartensaison abstellen sollten. Statt jedoch „Plagegeister" aufwändig zu bekämpfen, lassen sich Pflanzenschäden durch die Auswahl geeigneter Arten und Sorten in Grenzen halten.

Ungebetene tierische Gäste

Natürlich hält die Natur einige zähe „Tunichguts" parat, die man einfach nicht ignorieren kann und die einem den Spaß an Zwiebelblumen verleiden können. Um diesen Feinschmeckern ihr Festmahl zu verderben, sollten Sie Folgendes beherzigen:

→ **Wühlmäuse** haben es besonders auf Tulpen (zum Beispiel *Tulipa kaufmanniana*) und Krokusse abgesehen. Die Schäden treten überwiegend zwischen Januar und März auf. Ganz besonders lieben die Tiere den häufig

Gut kombiniert und gepflegt: frische Frühlingsstimmung mit den Tulpen 'Spring Green' und 'White Dream'.

verwendeten Kleinen Krokus (*Crocus chrysanthus*), aber auch den Gelben (*C. flavus*) und den Frühlings-Krokus (*C. vernus*). Der Dalmatiner Krokus (*C. tommasinanus*) steht hingegen weniger auf dem Speisezettel des kleinen Nagers. In Gärten, in denen Wühlmäuse häufig auftreten, sollten Sie auf die gefährdeten Arten verzichten oder die Zwiebeln in einen engmaschigen, nicht rostenden Drahtkorb setzen (siehe Foto Seite 93). Alle Zwiebeln aus der Familie der Amaryllisgewächse (Schneeglöckchen, Narzissen, Märzenbecher) werden von Wühlmäusen gemieden. Indem Sie spezielle Wühlmaus-Fallen aufstellen, können Sie die Mäusepopulation im Garten regulieren.

→ **Maulwürfe** sind Fleischfresser und damit echte Nützlinge. Sie stiften also nicht durch Fraß an Blumenzwiebeln und Wurzeln, sondern durch ihre Grabetätigkeit im Beet Unheil. Die sorgsam gehegten Pflanzplätze der Zwiebelgewächse werden durch den unterirdisch lebenden Insektenfresser auf der Suche nach tierischer Nahrung gerne umgepflügt. Ein geschützter Platz für die Zwiebeln zwischen Steinen oder in Körben bewahrt die Pflanzen vor größeren Schäden.

→ **Kaninchen** können in der Zwiebelblumenpflanzung beträchtliche Schäden verursachen. Diese treten aber in erster Linie in großen Gartenanlagen und Parks beziehungsweise

bei Neusiedlungen in unmittelbarer Nachbarschaft zur freien Landschaft auf. Tief am Zaun eingegrabener Kaninchendraht sorgt im Hausgarten dafür, dass die Tiere draußen bleiben.

→ **Nacktschnecken** treten vor allem in boden- und luftfeuchten Lagen auf. Auf Sandboden hält sich der Schaden durch Schnecken eher in Grenzen. Statt die Schnecken zu bekämpfen, ist es weniger aufwändig, auf besonders gefährdete Arten (zum Beispiel *Tulipa kaufmanniana*) zu verzichten. Sofern der Garten auch Unterschlupfmöglichkeiten oder sogar Verstecke zum Überwintern bereit hält, helfen Ihnen Igel, zu deren Leibspeise Schnecken gehören. Gehäuseschnecken verursachen keine nennenswerten Schäden.

→ **Lilienhähnchen,** auffällig leuchtend rote Käfer, machen einer ganzen Reihe von Liliengewächsen zu schaffen. Betroffen sind hauptsächlich ab Ende April/Anfang Mai blühende Pflanzen wie Lilie (*Lilium*) und Kaiserkrone (*Fritillaria*), da ab diesem Zeitpunkt die Tiere auftreten. Besonders die Larven der Lilienhähnchen schädigen auch staudige Liliengewächse wie Maiglöckchen (*Convallaria majalis*) und Weißwurz (*Polygonatum*). Die Bekämpfung im Garten beschränkt sich auf das Absammeln der Larven oder der Käfer. Vorsicht: die Käfer lassen sich bei geringster Berührung fallen und sind dann nur noch schwer zu finden.

→ **Lilienfliegen** treten ebenfalls an Lilien auf. Ihre Flugzeit reicht von Ende Mai bis Mitte Juni. Lilien, die bereits Knospen gebildet haben, können von den Fliegen befallen werden. Dabei legen die erwachsenen Tiere Eier in den Knospen ab. Die Blüten sind dann durch die Fraßtätigkeit der schlüpfenden Larven missgestaltet.

→ **Fadenwürmer** (Nematoden) treten sowohl an Tulpen als auch an Lilien auf. Es kommen Stängel-Nematoden und im Boden lebende Nematoden vor. Befallene Pflanzen sollten entsorgt und gegen robustere Arten ausgetauscht werden. Als biologische Schädlingsbekämpfungsmaßnahme sind Präparate mit dem Wirkstoff *Bacillus thuringiensis* gegen Nematoden einsetzbar.

Pilze, Bakterien & Viren

Besonders gefährdet sind Zwiebelgewächse in der Zeit außerhalb des Bodens, wenn die Überdauerungsorgane zur Überwinterung oder zum Verkauf gelagert werden müssen. Während der Vegetationsperiode sind es hauptsächlich Schimmelpilze (zum Beispiel *Botrytis, Penicillium*) und Welkepilze (zum Beispiel *Fusarium*), die Schäden an Zwiebeln oder Knollen im Boden verursachen können. Beste vorbeugende Maßnahme sind optimale Standortbedingungen, also ein Pflanzplatz mit gutem Wasserabzug. Grauschimmel tritt am häufigsten bei feucht-warmen Bedingungen auf. Kann die Feuchtigkeit sich lange auf den Blättern halten, herrschen für den Pilz gute Startbedingungen. Lauch-Arten (*Allium*) und Milchstern (*Ornithogalum*) können an ungünsti-

gen, also besonders trockenen oder schattigen Standorten von Rostpilzen befallen werden.
Generell haben einziehende Gewächse wie Stauden, Zwiebel, Knolle & Co. den Vorteil, dass auftretende Schäden an den oberirdischen Trieben durch Befall mit Krankheitserregern oder Schädlingen im nächsten Gartenjahr verschwunden sind. Durch das Einziehen der Blätter wird den meisten „Schadensverursachern" die Nahrungsgrundlage entzogen. Sie gehen zugrunde. Schäden sind an den neuen Blättern in der neuen Saison nicht mehr sichtbar, sofern nicht das Überdauerungsorgan befallen wurde. Deshalb sollte man im Hobbygarten auch vorsichtig mit der „chemischen Keule" gegen Erreger und Schädlinge vorgehen. Wichtig: Bringen Sie nur das für den Schadorganismus und für Zierpflanzen im Haus- und Kleingarten zugelassene Präparate aus; befolgen Sie dabei genauestens die Hersteller-Hinweise zu Dosierung und Anwendung auf der Verpackung!

Lagerschäden

Falsche oder zu lange Lagerung sind die primären Ursachen dafür, dass sich Schadorganismen über die bereits geschwächten oder abgestorbenen Überdauerungsorgane hermachen. Denn wenn im Lager keine optimalen Bedingungen herrschen, kann es zu Lagerkrankheiten, etwa zur Schimmelpilzbildung kommen. Sie sollten die Zwiebeln deshalb gründlich mit einer trockenen Bürste reinigen, bevor Sie sie einlagern; auch die Außenhaut sollte bis dahin gut abgetrocknet sein. Das Winterlager muss kühl, dunkel und trocken sein. Gut geeignet sind Holzroste oder Siebe, bei denen von allen Seiten Luft an die Speicherorgane gelangt. Während des Winters sollten Sie Ihre Zwiebeln und Knollen in regelmäßigen Abständen kontrollieren, um Fäulnisherde sofort beseitigen zu können.
Manche Arten lassen sich praktisch gar nicht lagern. Der Bär-Lauch (*Allium ursinum*) zum Beispiel schimmelt schon nach kürzester Zeit. Auch Zeitlose (*Colchicum*) lässt sich nur bei optimaler Temperaturführung länger aufbewahren. Märzenbecher bzw. Knotenblume (*Leucojum*) und Kaiserkrone (*Fritillaria*) werden am besten in feuchten, nicht nassen Sand eingeschichtet. Diese Arten besitzen entweder gar keine oder nur eine sehr dünne Schale, weswegen sie außerhalb des Bodens einerseits schnell Wasser verlieren, andererseits „leichte Beute" für Pilze sind.

Dieses Gitter aus Kaninchendraht schützt die Speicherorgane vor jeglichen Nagern.

Bezugsquellen

Der Kauf von Zwiebelblumen ist Vertrauenssache. Weder kann man den trockenen Zwiebeln, Knollen oder Rhizomen immer auf den ersten Blick ansehen, ob sie noch vital sind, noch weiß man, ob die Zwiebeln nicht wild gesammelt wurden. Einige Großhändler nehmen es außerdem mit den Namen nicht so genau. Wer aber mit bestimmten Farbkombinationen oder Höhenabstufungen arbeiten möchte, ist auf die Arten- und Sortenechtheit der Ware angewiesen. Deshalb ist es wichtig, auf vertrauenswürdige Händler zurückgreifen zu können, die ihre Zwiebeln entweder selbst anbauen oder bei direkt beim Zwiebelpflanzen-Produzenten einkaufen.

Im Übrigen sollten Sie beim Kauf aller Geophyten immer auf die Herkunftshinweise auf der Verpackung achten.

Händler in Deutschland

Albrecht Hoch
Potsdamer Straße 40, 14163 Berlin, Telefon 030/80 26 251, Fax 80 26 222

A. Treppens & Co. Samen GmbH-Zwiebelblumen
Berliner Straße 84-88; 14169 Berlin-Zehlendorf, Telefon 030/811 33 36, Fax 811 43 04, E-Mail info@treppens.de, www.treppens.de

Wilfried Schoebel
Hindenburgstraße, 29468 Bergen, Telefon 05845/237, Fax 14 45, www.gaertnerei-schoebel.de
Reiche Auswahl an Cyclamen im Topf

Botanische Raritäten Wetzel
Kohlfurther Straße 141, 42349 Wuppertal, Telefon 0202/47 04 43, Fax 478 01 19, E-Mail botanische-raritaeten@t-online.de

M. Beyer
Schriesheimer Fußweg 7, 68526 Ladenburg, Telefon 06203/107 93 11, Fax 107 93 12, E-Mail beyers-zwiebeln@t-online.de, www.101Zwiebelblumen.de

Bernd Schober (vormals Kurt Kernstein)
Blumenzwiebel-Versand Stätzlinger Str. 94 A, 86165 Augsburg, Telefon 0821/72 98 95 00, Fax 72 98 95 01, E-Mail bernd-schober@der-Zwiebelblumeversand.de, www.der-Zwiebelblumeversand.de

Großhändler in Deutschland

Wiederverkäufer oder Aufträge über 100,- €

Horst Gewiehs – Zwiebelblumen-Großhandel
27356 Rotenburg (Wümme), Telefon 04261/6 38 18, Fax 04261/6 37 55
Sehr große Auswahl

Küppers – Mitteldeutsche Samen GmbH
Postfach 1468; 37254 Eschwege, Telefon 05651/80 05-0, Fax 05651/80 05-44, -55

Händler in Österreich

ReinSaat
Emmelmann Ges.n.b.R. ,
A - 3572 St. Leonhard am Hornerwald, Telefon 0043/02987/2347, Fax 0043/02987/2347-4, E-Mail reinsaat@reinsaat.co.at, www.reinsaat.co.at

Händler in den Niederlanden

Verberghe Zwiebelblumen
Zwanenburgerdijk, NL-1161 NS Zwanenburg, Telefon 0031 20/49 73 127, Fax 49 72 72 4, info@verberghe.nl www.verberghe.nl

Ecobulbs/Hoeve Vertrouwen
Oostermiddenmeerweg 14, NL-1771 RR Wieringerwerf, Telefon 0031 227/50 16 37, Fax 50 24 10, info@ecobulbs.nl, www.ecobulbs.nl
Zwiebeln aus ökologischer Produktion

Verwendete Literatur

Grunert, Christian: **Das Große Blumenzwiebelbuch**, Deutscher Landwirtschaftsverlag, 4. Aufl. 1990

Hansen, Richard und Stahl, Friedrich: **Die Stauden und ihre Lebensbereiche in Gärten**, Verlag Eugen Ulmer 1990

Jelitto, Leo, Schacht, Wilhelm, Simon, Hans: **Die Freiland-Schmuckstauden**, Verlag Eugen Ulmer 2003

Reinhilde Frank: **Zwiebel- und Knollengewächse**, Verlag Eugen Ulmer 1986

Kaiser, Wolf-Dieter und Vetter, Rainer R.: **Blüten aus Zwiebeln und Knollen**, Neumann Verlag Leipzig, Radebeul 1985

Seyfang, Volkmar 2002: **Frühjahrsblühende Geophyten im Dauerversuch**
Gartenpraxis 10/2002, Verlag Eugen Ulmer

Seyfang, Volkmar: **Frühjahrsblühende Geophyten im europäischen Vergleich**,
Gartenpraxis 3/2003, Verlag Eugen Ulmer

Register

Botanische Namen der Pflanzengattungen

Deutsche Namen der Pflanzengattungen

Sachregister

Danksagung

Meinen herzlichen Dank richte ich an folgende Pflanzenfachleute, die mir durch wertvolle Hinweise bei der Erstellung dieses Buches unterstützt haben:

Irene Hoch, Berlin
Prof. Wolfram Kircher, Bernburg
Elisabeth Schmid, Hüttlingen
Cassian Schmidt, Weinheim
Bernd Schober, Augsburg

Bildquellen

GBA Strauß/Nichols: Seite 21, 44, 74/75.
GBA Strauß/Engelhardt: Seite 24/25.
Heider, Gertrude; Planung: Christine Orel: Titelbild Deutschland und Österreich, Seite 4/5, 32, 50.
Heißel, Kaspar: Seite 80, 83.
Köhlein, Fritz: Seite 65 rechts.
Orel, Christine (Planung und Foto): Seite 91.
Redeleit, Wolfgang: Seite 56, 93.
Reinhard, Hans: Seite 11, 22, 27, 31, 36, 41, 42, 46, 53, 58 links und rechts, 60 oben, 63, 65 links, 68, 76, 77 links, 86, 87.
Reinhard, Nils: Seite 48, 82.
Schmidt, Cassian: Seite 16/17, 20 links, 69 oben.
Seidl, Sebastian: Seite 6, 23, 51 rechts, 60 unten, 64, 79 rechts, 81.
Simon, Hans: Seite 69 unten.
Smit, Daan: Seite 10, 28, 57 links.
Strauß, Friedrich: Seite 34/35, 57 rechts, 67, 77 rechts.
Wendebourg, Tjards: Seite 2, 14, 18, 20 rechts, 30, 51 links, 54, 62, 79 links, 84/85.

Die Pflanzenzeichnungen fertigte Frank Geisler, Berlin, nach Vorlagen aus der Natur an. Den Plan auf dem vorderen Vorsatz sowie die Zeichnungen der Seiten 54 und 61 fertigte er nach Vorlagen des Verfassers an.

Abbildung Seite 13: akg images, Berlin.

Impressum

Bibliografische Information Der Deutschen Bibliothek

Die Deutsche Bibliothek verzeichnet diese Publikation in der Deutschen Nationalbibliografie; detaillierte bibliografische Daten sind im Internet über http://dnb.ddb.de abrufbar.

ISBN (Deutschland): 3-8001-4421-2

ISBN (Österreich): 3-7040-2043-5

Lektorat: Karin Wachsmuth
Umschlag- und Innengestaltung, DTP: Atelier Reichert, Stuttgart
Druck und Bindung: aprinta, Wemding
Printed in Germany

Verschiedene Zwiebelblumen und ihr Ausbreitungsverhalten

Blumenzwiebeln und Knollen, die sich durch Selbstaussaat schnell flächig ausbreiten

Bär-Lauch (*Allium ursinum*),
Großer Schneeglanz (*Chionodoxa luciliae*-Gigantea-Grp.),
Gewöhnlicher Schneeglanz (*C. forbesii*),
Hohler Lerchensporn (*Corydalis cava*),
Dalmatiner Krokus (*Crocus tommasinianus**),
Frühlings-Krokus (*C. vernus**),
Winterling (*Eranthis hyemalis***),
Armenische Traubenhyazinthe (*Muscari armeniacum*),

Blumenzwiebeln und Knollen, die sich durch Selbstaussaat und Brutzwiebeln, Brutknollen oder Rhizome mäßig schnell flächig ausbreiten

Gekielter Lauch (*Allium carinatum* subsp. *carinatum*),
Nickender Lauch (*Allium cernuum*),
Rosen-Lauch (*A. roseum*),
Apenninen-Windröschen (*Anemone apennina*),
Balkan-Windröschen (*A. blanda*),
Busch-Windröschen (*A. nemorosa*),
Gefleckter Aronstab (*Arum maculatum*),
Sardischer Schneestolz (*Chionodoxa sardensis*),
Herbst-Zeitlose (*Colchicum autumnale***),
Gefingerter Lerchensporn (Corydalis solida),
Gold-Krokus (*Crocus flavus*),
Crocus speciosus,
Dalmatiner Krokus (*Crocus tommasinianus* 'Ruby Giant'),
Frühlings-Krokus (*C. vernus*),
Vorfrühlings-Alpenveilchen (*Cyclamen coum***),
Herbst-Alpenveilchen (*C. hederifolium***),
Schneeglöckchen (*Galanthus nivalis*),

Blumenzwiebeln und Knollen, sich nur punktuell oder sehr langsam flächig ausbreiten

Allium aflatunense,
Kugel-Lauch (*A. sphaerocephalon*),
Gelbes Windröschen (*Anemone ranunculoides***),
Italienischer Aronstab (*Arum italicum*),
Kleiner Krokus (*Crocus chrysanthus*),
Großblütiges Schneeglöckchen (*Galanthus elwesii*),
Schwertlilie (*Iris bucharica*),